Sprachförderung PLUS

Förderbausteine für den Soforteinsatz –
Text- und Sachaufgaben in der Grundschule

Mathematik

1. Auflage   1 ⁶⁵⁴³² | 2027 26 25 24 23

Alle Drucke dieser Auflage sind unverändert und können im Unterricht nebeneinander verwendet werden.
Die letzte Zahl bezeichnet das Jahr des Druckes. Das Werk und seine Teile sind urheberrechtlich geschützt. Jede Nutzung in anderen als den gesetzlich zugelassenen Fällen bedarf der vorherigen schriftlichen Einwilligung des Verlags.

Die in diesem Werk angegeben Links wurden von der Redaktion sorgfältig geprüft, wohl wissend, dass sie sich ändern können. Die Redaktion erklärt hiermit ausdrücklich, dass zum Zeitpunkt der Linksetzung keine illegalen Inhalte auf den zu verlinkenden Seiten erkennbar waren. Auf die aktuelle und zukünftige Gestaltung, die Inhalte oder die Urheberschaft der verlinkten Seiten hat die Redaktion keinerlei Einfluss. Deshalb distanziert sie sich hiermit ausdrücklich von allen Inhalten aller verlinkten Seiten, die nach der Linksetzung verändert wurden. Diese Erklärung gilt für alle in diesem Werk aufgeführten Links.

© Ernst Klett Sprachen GmbH, Rotebühlstraße 77, 70178 Stuttgart 2014. Alle Rechte vorbehalten.
www.klett.de

Autorin: Martina Goßmann

Redaktion: Sebastian Weber, Sibylle Krämer
Konzept: Sebastian Weber
Illustration: Friederike Ablang, Berlin
Layoutkonzeption: Marion Köster, Stuttgart
Gestaltung und Satz: DOPPELPUNKT, Stuttgart
Reprografie: Meyle und Müller, Pforzheim
Umschlaggestaltung: Sandra Vrabec
Titelbild: Klett-Archiv (Thomas Weccard), Stuttgart
Druck und Bindung: Elanders GmbH, Waiblingen

Printed in Germany
ISBN: 978-3-12-666805-7

Martina Goßmann

Sprachförderung PLUS

Förderbausteine für den Soforteinsatz –
Text- und Sachaufgaben in der Grundschule

Mathematik

Inhaltsverzeichnis

Vorwort 6

Sprachförderung im Mathematikunterricht 8

Sprachliche Herausforderungen in Textaufgaben 9
Didaktische Prinzipien eines sprachförderlichen Mathematikunterrichts ... 13

Grundlagen der Sprachprofilanalyse 16

Was leistet die Profilanalyse? 17
Fünf relevante Profilstufen für die Grundschule 18
Die Sprachprofilanalyse als Basis für erfolgreiche Fördermaßnahmen ... 19
Sprachprofilbogen Grundschule 20

Von der diagnostizierten Stufe zum Förderhorizont 21

Förderhorizont 1 21
Förderhorizont 2 23
Förderhorizont 3 24
Förderhorizont 4 25

Was leisten die Förderbausteine? 26

Wie kann mit den Förderbausteinen gearbeitet werden? 27

Förderbausteine mit Schülermaterialien 28

Themenindex: Sprachförderung 110

Klasse	Themenfeld	Förderbaustein	Seite
1/2	Zahlen und Operationen	**Schneewittchen**	28
		> Schülermaterialien	35
1/2	Raum und Form	**Vom kleinen Quadrat – eine Faltgeschichte**	38
		> Schülermaterialien	45
1/2	Größen und Messen	**Kinderflohmarkt**	49
		> Schülermaterialien	53
1/2	Zahlen und Operationen	**Freizeitspaß**	59
		> Schülermaterialien	64
3/4	Größen und Messen	**Unser Baumhaus**	71
		> Schülermaterialien	75
3/4	Zahlen und Operationen	**Auf Klassenfahrt**	80
		> Schülermaterialien	86
3/4	Daten, Häufigkeit, Wahrscheinlichkeit	**Sportwettkampf**	90
		> Schülermaterialien	96
3/4	Größen und Messen	**Freizeitpark**	102
		> Schülermaterialien	105

Vorwort

Sprachliche Heterogenität in unseren Klassenzimmern ist keine Ausnahme mehr. Muttersprachliche Kinder, die mitunter auch sprachliche Defizite aufweisen, unterrichten Sie gemeinsam mit Kindern anderer Herkunftssprachen, die die deutsche Sprache unterschiedlich gut verstehen und beherrschen.

Sprachförderung als Querschnittsaufgabe in allen Fächern

Dies ist eine Herausforderung in allen Unterrichtsfächern. Sprachförderung findet nicht alleine im Deutschunterricht statt, sondern ist eine Querschnittsaufgabe für alle Fächer und Bereiche im schulischen Kontext. Der Fachunterricht in der Grundschule ist geprägt durch einen spezifischen Fachwortschatz und Sprachstil, sodass auch Kinder, die sich im Alltag sprachlich bereits gut zurechtfinden, in den Fächern oft große sprachliche Schwierigkeiten haben.

Besonders für das Fach Mathematik wird noch häufig übersehen, wie groß die sprachlichen Anforderungen sind, um erfolgreich mitarbeiten zu können. Dies gilt umso mehr für einen zeitgemäßen, kompetenzorientierten Mathematikunterricht, in dem prozessbezogene Kompetenzen eine deutliche Aufwertung erfahren haben. Besonders deutlich sichtbar ist der Zusammenhang zwischen sprachlichem und fachlichem Lernen, wenn es um Text- und Sachaufgaben geht.

Sprachförderung im Mathematikunterricht

Fachsprache und schulische Bildungssprache erwerben Kinder nicht spontan. Deren Beherrschung ist aber Voraussetzung für den Bildungserfolg. Durch gezielte Sprachförderung auch im Mathematikunterricht unterstützen Sie Ihre Schülerinnen und Schüler somit nicht nur sprachlich, sondern Sie ermöglichen Ihnen damit auch bessere Leistungen im Fach Mathematik. Parallel zu den mathematischen Inhalten stellen Sie die zum fachlichen Lernen und Verstehen notwendigen sprachlichen Mittel bereit und fördern deren Ausbau.

passgenaue Sprachförderung

Um die Kinder optimal zu fördern, müssen Sie an die unterschiedlichen sprachlichen Lernvoraussetzungen Ihrer Schülerinnen und Schüler anknüpfen und gezielte Förder- und Unterstützungsmaßnahmen entwickeln. Das stellt Sie als Lehrkraft vor neue Herausforderungen. Damit Sie passende Fördermaßnahmen planen können, ist es wichtig zu wissen, in welcher Phase des Spracherwerbs sich Ihre Schülerinnen und Schüler befinden und welche Unterstützung sie für eine optimale Weiterentwicklung benötigen.

einfache Diagnose dank Sprachprofilanalyse

Die in diesem Band vorgestellten Förderbausteine basieren auf der **Sprachprofilanalyse**[1] – einem praxiserprobten Diagnoseinstrument. Mit Hilfe der Profilanalyse erfahren Sie, über welche Kompetenzen Ihre Schülerinnen und Schüler schon verfügen und welche Erwerbsschritte als Nächstes vollzogen werden können und müssen. Sie legen die Ergebnisse der Profilanalyse zugrunde, um passgenaue Fördermaßnahmen abzuleiten. So können Sie Ihre Schülerinnen und Schüler auch im Mathematikunterricht gezielt und individuell fördern.

Was erwartet Sie in diesem Buch?

Dieser Band beschäftigt sich mit Text- und Sachaufgaben im Mathematikunterricht und zeigt, welche sprachlichen Hürden diese oft darstellen:
- Aus welchen Gründen scheitern auch viele Kinder im fortgeschritteneren Zweitspracherwerb an diesen in der Regel doch kurzen Texten?
- Inwiefern lassen sich fehlerhafte Lösungen und scheinbar unlogische Rechnungen und Antworten mit Sprachverständnisschwierigkeiten erklären?
- Wie vielfältig können die Gründe für ein Nichtverstehen des Textes sein?

---

1 Eine sehr anschauliche und ausführliche Darstellung dieses Diagnoseverfahrens mit Übungen und Filmworkshop auf DVD finden Sie im parallel erschienenen Band: Beatrix Heilmann/Prof. Wilhelm Grießhaber: Diagnose & Förderung leicht gemacht. Das Praxishandbuch. Ernst Klett Sprachen, Stuttgart 2012. ISBN 978-3-12-666801-9.

Darauf aufbauend erhalten Sie Tipps, wie Sie den Schwierigkeiten der Kinder im Umgang mit Textaufgaben begegnen und wie Sie einen gezielten Kompetenzaufbau sinnvoll planen können. Der Einführungsteil informiert Sie kurz und verständlich zusammengefasst über die Grundlagen der Sprachprofilanalyse. Im Anschluss bietet Ihnen das Buch exemplarisch typische, sprachförderlich aufbereitete Sach- und Textaufgaben (Förderbausteine) aus verschiedenen Inhaltsfeldern des Mathematikunterrichts.

Die acht Förderbausteine sind übersichtlich und immer nach dem gleichen Prinzip aufgebaut: Zu Beginn erhalten Sie eine kurze Einführung in den Baustein. Hier sehen Sie, welche spezifischen sprachlichen Herausforderungen in der dargestellten Text- oder Sachaufgabe bearbeitet werden. Die einzelnen Förderbausteine bieten Ihnen Ideen, Anregungen und Vorschläge zur Unterrichtsgestaltung mit einsatzfertigen, 4-fach differenzierten Materialvorlagen, aus denen Sie nach Bedarf auswählen können. Sie sind flexibel und lehrwerksunabhängig einsetzbar. Mit diesen acht Förderbausteinen können Sie Sprachförderung integrativ im Regelunterricht umsetzen.

im Regelunterricht einsetzbar

Neben den konkreten Vorschlägen zur Unterrichtsgestaltung finden Sie in diesem Band auch generelle Hinweise und Tipps zur sprachförderlichen Planung und Gestaltung Ihres Unterrichts. Diese Hinweise sind farblich hervorgehoben und somit direkt erkennbar. Diese allgemeinen Hinweise sollen Ihnen helfen, auch andere Mathematikthemen sprachfördernd zu gestalten.

Bei der Entwicklung der Materialien war uns besonders wichtig, dass Sie kein besonderes Fach- oder Vorwissen im Bereich Sprachförderung mitbringen müssen. Zugleich haben wir auf Praxistauglichkeit und direkte Anwendbarkeit geachtet. So können Sie in Ihrem Mathematikunterricht fachliches und sprachliches Lernen miteinander verbinden und auch die Schülerinnen und Schüler an der Arbeit mit Text- und Sachaufgeben beteiligen, die bisher wegen Überforderung davon ausgeschlossen wurden.

Mit den Förderbausteinen ist differenzierte Sprachförderung für Sie auch im Mathematikunterricht ohne allzu großen Vor- und Nachbereitungsaufwand möglich. Differenzierung wird erleichtert und macht Ihren Mathematikunterricht erfolgreicher – für Sie und Ihre Schülerinnen und Schüler.

praxistaugliche, einsatzfertige Materialien

Martina Goßmann
Autorin

Sprachförderung im Mathematikunterricht

Ein zeitgemäßer kompetenzorientierter Mathematikunterricht will mehr als Wissensvermittlung. Vielmehr steht die Entwicklung allgemeiner und inhaltsbezogener mathematischer Kompetenzen, die für das Mathematiklernen charakteristisch sind, im Vordergrund. Es geht darum, den Kindern Gelegenheiten zu geben, Probleme selbstständig zu lösen, Lösungsstrategien zu entwickeln, über Mathematik zu sprechen und alltägliche Sachverhalte mathematisch zu modellieren. Dabei werden Sachprobleme aus der Lebenswelt in die Sprache der Mathematik übertragen. Neben der Modellierung realer Alltagssituationen (z. B. Rezepte berechnen, wenn die Klasse gemeinsam kocht …) spielen in diesem Zusammenhang Sach- und Textaufgaben eine maßgebliche Rolle.
Unter Text- und Sachaufgaben werden verschiedene Aufgabentypen verstanden:

- Instruktionsaufgaben
- (Sach)Bildaufgaben
- Bild-Text-Aufgaben
- Rechengeschichten
- Sachtexte
- Textaufgaben im engeren Sinne mit und ohne Fragen
- Aufgabenformen, die das Verständnis nichtlinearer Texte (Diagramme, Tabellen …) erfordern

Gemeinsam ist all diesen Aufgaben, dass sie auf Texten basieren.
Um Textaufgaben lösen zu können, müssen die Schülerinnen und Schüler (im Folgenden SuS) den textbasierten Aufgabenstellungen die zur Berechnung relevanten Daten entnehmen, in einigen Fällen auch die passende Fragestellung finden und diese sowie die Antwort dazu formulieren können. Mathematik und Sprache bilden hier einen unzertrennlichen Zusammenhang.

Alltagssprache, Bildungssprache und Fachsprache

Während der Bearbeitung von Textaufgaben werden die Kinder mit verschiedenen Sprachebenen konfrontiert. Neben eher alltagssprachlich formulierten Rechengeschichten spielen im Laufe der Grundschulzeit zunehmend elaborierte Texte mit bildungssprachlichen Kennzeichen eine größere Rolle.
Kinder im Zweitspracherwerb lernen recht schnell, sich zu verständigen. Dazu stehen ihnen viele Hilfen zur Verfügung: Gestik, Mimik oder die Unterstützung durch den Sprecher/Zuhörer. Begriffe, die sie nicht kennen, können sie umschreiben oder vermeiden. Die Bildungssprache ist im Gegensatz zur meist mündlich verwendeten Alltagssprache eine komplexe Sprache. Sie verlangt Präzision sowie Formen und Strukturen, die in der Alltagssprache nur selten vorkommen: Präteritum, unpersönliche Formen oder Nominalisierungen. Die Kinder müssen die Bildungssprache als die Sprache der Schule erwerben, da sie sonst schon an einfachen Arbeitsanweisungen scheitern.
Zusätzlich werden im Mathematikunterricht der Grundschule nach und nach relevante (Fach)Begriffe (Fachsprache) eingeführt, die für das Lösen von Textaufgaben notwendig sind. Zum gesamten mathematischen Fachvokabular der Grundschule zählen insgesamt ca. 500 Begriffe (z. B. „vermehren", „vermindern", „teilen", „Ergebnis", „Durchschnitt").
Und nicht zuletzt müssen die Kinder die Symbolsprache der Mathematik und mathematische Sachverhalte in ihren verschiedenen Darstellungsformen verstehen können.
Der Mathematikunterricht hat also viel mehr mit Sprache zu tun, als es auf den ersten Blick erscheint. Kindern, die Deutsch noch nicht im ausreichenden Maß beherrschen, bleibt somit auch der Weg zu grundlegenden Bildungsprozessen im Fach Mathematik versperrt.

Die Sprachkompetenz beeinflusst die fachliche Leistung!

Studien haben erwiesen, dass die Sprachkompetenz von SuS ihre Leistungen in Mathematik signifikant beeinflusst. Umso deutlicher wird dies, wenn das Lösen von Sach- und Textaufgaben gefordert ist.
Um Kinder, die am Beginn des Zweitspracherwerbs stehen, nicht zu überfordern, erhalten sie oft Alternativaufgaben zur Bearbeitung von Sach- und Textaufgaben, weil davon ausge-

gangen wird, dass sie sprachlich noch nicht dazu in der Lage sind, diese Aufgabenformate zu bearbeiten. Damit sind sie jedoch an einen zunehmend bedeutender werdenden Bereich des Mathematikunterrichts nicht beteiligt. Das Lösen von Textaufgaben verlangt Strategien, die im Fach sukzessive aufgebaut werden. Dieser durch den Unterricht unterstützte Kompetenzaufbau spielt für Kinder nichtdeutscher Herkunftssprache eine umso größere Rolle, weil sie dadurch Wege erlernen, sprachlichen Hindernissen zu begegnen. Kinder im Zweitspracherwerb sollten daher von Beginn an ihrem Sprachstand entsprechend in die Bearbeitung von Sach- und Textaufgaben einbezogen werden.

Aber auch Kinder, die im schulischen Alltag als sprachlich kompetent erlebt werden, scheitern oftmals an der Bearbeitung von Sach- und Textaufgaben, ohne dass zunächst eine Verbindung zu ihrer Sprachkompetenz hergestellt wird. Wenn eine Sach- oder Textaufgabe nicht verstanden oder nur einige Details missverstanden werden, laufen die nachfolgenden Denk- und Lösungsprozesse in die falsche Richtung. Die meisten Kinder sind bemüht, Aufgaben, die ihnen gestellt werden, zu lösen. Sie sind bestrebt, die in einer Sach- und Textaufgabe gegebenen Zahlen und Informationen in einen Zusammenhang zu bringen. Die Kinder verarbeiten die (vermeintlich) verstandenen Informationen und Daten in Form von Rechenoperationen, die ihnen aufgrund des (vermeintlich) Verstandenen wahrscheinlich erscheinen, die gerade im Fokus des Mathematikunterrichts stehen, durch die sich die in der Aufgabe gegebenen Zahlen gut verknüpfen lassen oder die sie mit Signalwörtern in der Aufgabe in Verbindung bringen.

Dabei kommt es oft zu fehlerhaften Lösungen, die häufig vorrangig darauf beruhen, dass die Kinder die zentralen Aussagen des Textes nicht richtig oder komplett erfassen oder die Inhalte ausblenden und daher auch nicht in die passenden mathematischen Darstellungsformen übertragen können.

Ihre SuS können Sie darauf oft nicht aufmerksam machen, da sie selber davon überzeugt sind, die Textaufgabe verstanden zu haben.

Sprachliche Herausforderungen in Textaufgaben

In der Regel handelt es sich bei Textaufgaben um Texte, deren Länge Grundschulkinder nicht überfordern dürfte. Und dennoch zeigt sich in der Praxis, dass viele Kinder in unseren sprachlich heterogenen Klassen, Schwierigkeiten haben, den Texten die relevanten Informationen und Problemstellungen zu entnehmen und zu deren Lösung ein mathematisches Modell zu entwickeln.
Woran liegt das?
Sach- und Textaufgaben sollen Rechenoperationen möglichst in einen authentischen und alltäglichen Kontext einkleiden. Betrachtet man entsprechende Aufgabensammlungen, sieht man sich einer Fülle möglicher Themen gegenüber.

Aber auch wenn sich die Themen nach der Lebenswelt der SuS ausrichten, kann man nicht davon ausgehen, dass alle Kinder in der Lage sind, ihr Vorwissen als Grundlage des Bearbeitungsprozesses einbringen zu können. Die Inhalte von Text- und Sachaufgaben orientieren sich in der Regel an der Lebenswirklichkeit in unserer Kultur und sind nicht multiethnisch ausgerichtet. So sind nicht alle Kinder in einer Klasse mit bestimmten Phänomenen vertraut oder haben Vorerfahrungen dazu gemacht.

Oder ein Kind hat zum Thema der Aufgabe schon Erfahrungen gesammelt, dies aber ausschließlich in einem herkunftssprachlichen Kontext. Das Kind hat also bereits Vorwissen zur dargestellten Situation erworben, kennt aber die deutschen Wörter dazu nicht.
Im ungünstigsten Fall werden in Lehrwerken auf einer Buchseite viele verschiedene Sach- und Textaufgaben gestellt, die in ganz verschiedene Themen eingebettet sind. Dies erfordert von den Kindern einen ausdifferenzierten Wortschatz mit Kenntnissen zu speziellen Themen (z. B. Skischanzenaufgaben, Umzugsaufgaben …), über den längst nicht alle Kinder verfügen, auch wenn sie sich zu häufig vorkommenden Themen kompetent äußern können.

Stolpersteine in Textaufgaben

an unterschiedliche Vorerfahrungen anknüpfen

Darüber hinaus werden die scheinbar alltäglichen Inhalte von Sach- und Textaufgaben nicht umgangssprachlich, sondern zunehmend bildungssprachlich dargestellt. Begriffe wie „vermindern", „Tageslänge", „Dauer", „durchschnittlich", „wahrscheinlich, „unterschiedlich" … werden umgangssprachlich von Kindern meist nicht gebraucht. Das Verständnis solcher bildungssprachlichen Begriffe muss daher parallel gefördert werden.

Gleiches gilt für den Erwerb von Fachbegriffen und Abkürzungen, die im Verlauf der Grundschulzeit zunehmend häufiger in Sach- und Textaufgaben verwendet werden („Papa zeigt Max und Lena den Grundriss der neuen Wohnung. … Das Auto fährt 50 km/h. …").

Entpersonalisierte Formen wie „es" oder „man" bereiten im Verständnis besondere Schwierigkeiten, da sie im Satz mehrere Funktionen oder (auf der phonetischen Ebene) verschiedene Bedeutungen haben können.

- es: Pronomen („Das Kind ist weit gesprungen. Es darf mit zum Sportwettkampf fahren.") oder
Indefinitpronomen („Dort hat es ihnen gut gefallen.")
- man: Indefinitpronomen („Man muss genau messen.") oder
Nomen („der Mann")

Bedeutung von Verben

Gesichert werden sollte auch das Verstehen von Verben mit verschiedenen Vorsilben, die im Mathematikunterricht zahlreich gebraucht werden. Durch die Vor- oder Nachsilben verschiebt sich jeweils die Bedeutung (z. B. teilen: aufteilen, verteilen, abteilen …). Diese Bedeutungsunterschiede müssen verstanden werden. Die jeweilige Bedeutung kann z. B. durch eine genaue Versprachlichung konkreter Handlungen verdeutlich werden (handlungsbegleitendes Sprechen).
Verben mit Vorsilben sind trennbare Verben. Die beiden Teile des Verbs bilden die sogenannte Verb- oder Satzklammer (einkaufen – Pia **kauft** 6 Stifte für je 1,50 € **ein**.). Verbklammern sind charakteristisch für die deutsche Sprache und bereiten Kindern nichtdeutscher Herkunftssprache erhebliche Schwierigkeiten. Das abgetrennte Partikel des Verbs wird häufig nicht wahrgenommen oder mit einer Präposition verwechselt. Es ist jedoch z. B. für das Verständnis einer Aufgabe nicht ohne Belang, ob etwas auf- oder zusammengeklappt werden soll.
Verbklammern sind schwierige syntaktische Konstruktionen, die es in vielen Sprachen nicht gibt. In Texten können die beiden Teile eines Verbs markiert werden, sodass der Zusammenhang optisch deutlich wird. Es ist auch möglich, zur Begriffsklärung das trennbare Verb einmal ungetrennt und dann getrennt zu gebrauchen, sodass der Zusammenhang implizit erworben wird (ausgeben: Jan gibt 3 € aus. – ausgeben)

Adjektive verstehen und verwenden

Die Beschäftigung mit (Dimensions)Adjektiven zeigt ebenfalls, welche Hürden Kinder im Zweitspracherwerb beim Verstehen von Text- und Sachaufgaben zu überwinden haben. Anspruchsvoll ist besonders der Bedeutungserwerb von Dimensionsadjektiven wie „lang", „groß", „klein" … Ihre Verwendung kann vom Fokus des Betrachters oder vom Objekt und der Lage des Objekts, auf die sie sich beziehen, abhängen. So wird beispielsweise bei einem Auto die „Länge" mit der Achse der Bewegungsrichtung gleichgesetzt. Bei einer Hängelampe jedoch bezieht sich die Länge auf die vertikale Achse.
Die Bedeutung von Dimensionsadjektiven ist nicht absolut, sondern normabhängig. Das heißt, dass Dinge im Vergleich mit anderen Dingen z. B. als klein, aber auch als groß bezeichnet werden können. Die SuS müssen also bei Textaufgaben mit Dimensionsadjektiven jedes Mal erneut überlegen, welche Achse oder welche Sache oder Person gemeint ist, was für Kinder, die nur einen Bedeutungsaspekt der Begriffe kennen, nicht zu leisten ist.
Auch um Text- und Sachaufgaben lösen und zu Problemstellungen Antworten formulieren zu können, werden häufig Adjektive benötigt. Um z. B. Vergleiche anstellen zu können, müssen Adjektive mit ihren Steigerungsformen bekannt sein. Hier müssen viele Regeln erworben werden (u. a. regelmäßige und unregelmäßige Steigerung, Verbindung des Komparativs durch das Verbindungswort „als" mit dem Vergleichsobjekt).

Stehen Adjektive vor Nomen, sind sie Teil der Nominalgruppe und müssen dekliniert werden – Artikel, Adjektiv und Nomen müssen grammatisch übereinstimmen (der schnelle Junge – den schnellen Jungen). Sätze mit Adjektiven und ihren Steigerungsformen spielen also im Mathematikunterricht eine wichtige Rolle und sollten in der Förderung regelmäßig berücksichtigt werden.

Zusammengesetzte Nomen stellen eine weitere Schwierigkeit beim Verstehen von Texten dar. Komposita sind eine Besonderheit der deutschen Sprache. Durch die Zusammensetzung wird ein Sachverhalt ausgedrückt, der in den Herkunftssprachen der Kinder meist durch ein einfaches Wort oder durch ganze Sätze beschrieben wird. Die SuS müssen zunächst lernen, dass in der Regel das zweite Wortelement das Grundwort ist, nach dem sich Bedeutung und Artikel richten. Einige Komposita haben jedoch eine übertragene Bedeutung, die sich den Kindern durch reine Ableitung nicht erschließen kann (z. B. Flussdiagramm, Stichprobe, Durchschnitt …). Der Bildung und Bedeutungsklärung zusammengesetzter Nomen sollte in der Sprachförderung also eine regelmäßige Beachtung zukommen.

Komposita

Zusätzlich erschwerend kommt dazu, dass es viele bildungs- und fachsprachliche Begriffe gibt, deren alltagssprachliche Bedeutung sich von der fachsprachlichen Bedeutung unterscheidet. Man spricht von Bedeutungsinterferenzen zwischen Umgangs- und Fach- und Bildungssprache. Solche Bedeutungsinterferenzen müssen geklärt werden, denn nur so kann mathematisches Verständnis aufgebaut werden. Ein wichtiger Schritt dabei ist die Gegenüberstellung der unterschiedlichen Bedeutungen, z. B. auf einem Arbeitsblatt oder in einem Tafelanschrieb. Da kann so aussehen:

Bedeutungsinterferenzen

fachsprachliche Bedeutung	umgangssprachliche Bedeutung
die Seite	die Buchseite (ist eine Fläche), auf der anderen Seite (gegenüber), zeig dich von deiner besten Seite (mach einen guten Eindruck), die Internetseite (ist eine virtuelle Seite)
die Ecke	die Häuserecke (ist eine Seite), die Nussecke (Kuchen mit 3 Ecken), die Spielecke (ist eine Fläche)
die Form	die Kuchenform, die sportliche Fitness
mal	Kommst du mal?, mit einem Mal (plötzlich)
teilen	jemandem etwas abgeben

Es empfiehlt sich, Sach- und Textaufgaben auf diesem Hintergrund genau zu analysieren, um solche sprachlichen Klippen zu erkennen und den Kindern bewusst machen zu können.

In der Regel handelt es sich bei Sach- und Textaufgaben um kurze Texte, in denen jedoch viele relevante Informationen gegeben werden. Im Gegensatz zu mündlich formulierten Problemstellungen wird in Textaufgaben das Problem kaum redundant ausgedrückt. Das bedeutet, dass die Kinder wenig Unterstützung im Text selbst finden – wie z. B. Umschreibungen, Wiederholung des Sachverhalts in anderen Worten … Sie müssen alles verstehen, um die Textaufgabe bearbeiten zu können, denn ein ungefähres Verstehen kann zu ganz anderen mathematischen Modellen führen.

sprachliche Dichte

Das Verstehen von Textaufgaben setzt das Wissen über Wörter mit spezifischer Bedeutung und grammatische Formen voraus. In einem Text werden Sätze und Satzteile miteinander verknüpft. In der deutschen Sprache stehen dafür Konjunktionen (z. B. „deshalb", „denn"), Pronomen (z. B. „er", „ihm", „seine"), Pronominaladverbien (z. B. „dazu" oder „hierfür") zur Verfügung. Einzelne Wörter verweisen zusammenfassend auf ganze vorhergehende Textpassagen oder bereits Gesagtes („deshalb", „dazu"…) oder stellen rückverweisend den Bezug zu bereits genannten Handlungsträgern her (Pronomen).

Werden diese „Textverketter" nicht richtig interpretiert, wird der Text nicht (richtig) verstanden („Ich kenne die Wörter, verstehe aber den Text nicht!").

Kinder mit anderen Herkunftssprachen müssen auf diese Verkettungsmittel besonders hingewiesen werden, weil sie sie teilweise aus ihrer Muttersprache anders kennen. So werden in der türkischen Sprache Personalpronomen weggelassen, weil diese an den Endungen des Verbs erkennbar sind. Possessivpronomen werden häufig durch Suffixe ersetzt. Um die

Textverkettungsmittel erkennen und verstehen

Handlungsträger im Text und ihre Beziehungen zueinander richtig zu deuten, sollten dazu regelmäßig Übungen durchgeführt werden:

- Zuordnungen (farbig) markieren oder durch Pfeile und Verbindungslinien deutlich machen:
„**Peter** möchte ein neues Fahrrad kaufen. Das Fahrrad kostet 290 €. **Er** hat schon 200 € gespart."
- Pronomen durch Nomen ersetzen:
„**Seine** Eltern schenken **ihm (Peter)** noch 100 €. Kann **er (Peter)** das Fahrrad kaufen?"

Nominalisierungen

Auch Nominalisierungen tragen zur sprachlichen Verdichtung von Texten bei. In Nominalisierungen sind Konditionalsätze versteckt, sodass auch hier Umformungen und Textexpansion das bessere Verstehen einer Text- und Sachaufgabe unterstützen:
„Miss die Länge der Strecke! – Du sollst ausmessen, wie lang die Strecke ist!"
 „Für die Einrichtung der Schülerbücherei stellt der Förderverein Geld zur Verfügung. – Der Förderverein gibt der Schule Geld. Die Schule kann Bücher für die Schülerbibliothek kaufen."
„Die Berechnung der Kosten ist nicht einfach. – Du sollst die Kosten berechnen. Das ist nicht einfach."

Instruktionstexte verstehen

Texte spielen im Mathematikunterricht nicht nur im Rahmen von Text- und Sachaufgaben i. e. S. eine Rolle. In einem zeitgemäßen Mathematikunterricht gewinnen Instruktionstexte zunehmend an Bedeutung. Dazu gehören fachliche Arbeitsaufträge und mündlich oder schriftlich gegebene Anleitungen. Solche Texte werden häufig sehr knapp oder unter Verwendung von Imperativformen (z. B. „Überschlage", „berechne", „miss …!") formuliert.
Teilweise unterscheidet sich die Imperativform von der Grundform des Verbs sehr und ist kaum wiedererkennbar (z. B. „messen – miss!", „angeben – gib … an!"). Hier scheitern bereits viele sprachschwache Kinder. Oftmals verstehen die SuS die Anleitungen auch inhaltlich nicht, denn das Ausführen einer so knapp formulierten Anweisung setzt eine genaue Vorstellung der durchzuführenden Handlung oder Rechenoperation voraus („Teile einen Papierstreifen, der 28 cm lang ist, in vier gleiche Teile." – „Ich teile (dividiere) 28 cm durch 4." Oder: „Ich rechne aus, wie oft die 4 in die 28 passt.")

Imperativsätze verstehen

Zudem weisen die Imperativsätze eine anspruchsvolle syntaktische Struktur auf, die von den Kindern erst erworben werden muss (Inversionsstellung ohne Subjekt). In Sätzen mit Inversion steht das Subjekt hinter dem Verb, wenn der Satz z. B. mit einem Zeit- oder Ortsadverb eingeleitet wird. In Imperativsätzen wird das Subjekt hinter dem Verb ausgelassen.

Fragen verstehen und formulieren

Es gibt Text- und Sachaufgaben mit und ohne Fragen. Dies verlangt von den Kindern entweder die Fähigkeit, Fragen richtig verstehen zu können oder sie formulieren zu können. Fragen mit Fragewort und Satzfragen sind ebenfalls den Inversionssätzen und damit den anspruchsvollen Syntaxstrukturen zuzuordnen.
Werden Fragewörter (Wer?, Wie viel?, Was? Wann?, Warum?…) nicht verstanden, bleiben oft viele Antwortmöglichkeiten offen. Kinder, die die Frage(n) zu einer Textaufgabe nicht verstehen, interpretieren sie häufig auf dem Hintergrund dessen, was sie bereits verstehen können. Die Antworten, die die Kinder dann zu einer Textaufgabe geben, beziehen sich dann vielleicht auf Fakten aus dem Text, jedoch nicht auf die konkrete Fragestellung.

Nebensätze verstehen und formulieren

Auch Nebensätze gehören zu den sprachlich anspruchsvollen Satzstrukturen. Im Gegensatz zu den Hauptsätzen steht das gebeugte Verb immer an letzter Stelle. („Die Sportlehrerin nimmt Junis mit zum Wettkampf, weil er in allen Sportarten gut **ist**." „ Leni hat 230 € gespart. Sie will das Fahrrad kaufen, das am billigsten **ist**.") Sprachhandlungen wie Begründen, Argumentieren, Erklären, Vergleichen, Diskutieren … verlangen Nebensatzstrukturen. Kinder, die sprachlich noch nicht so weit sind, sollten durch einfachere Formulierungen entlastet und durch die Vorgabe von Satzmustern unterstützt werden.

Präpositionen, Adverbien und Pronomen

In mathematischen Texten finden sich zahlreiche bedeutungsentscheidende Präpositionen („an, nach, pro, je …"), Adverbien („insgesamt, zusammen …") oder Pronomen („jeder" → Indefinitpronomen, „sein" → Possessivpronomen …). Häufig wird diesen „kleinen" Wörtern nicht sehr viel Aufmerksamkeit geschenkt, was aber Ursache von Nichtverstehen oder falschem Verstehen von Textaufgaben und Fragen sein kann.

Die Bedeutung dieser Wörter muss im jeweiligen Zusammenhang sorgfältig geklärt werden, denn ihr richtiges Verständnis ist oftmals nur durch die richtige Interpretation des Kontextes möglich:

„**in** drei Stunden → drei Stunden später; **in** diesem Moment → gerade; **in** der Kiste → innerhalb der Kiste …

All diese sprachlichen Herausforderungen in Text- und Sachaufgaben verlangen von den Kindern eine hohe Aufmerksamkeit. Je stärker die Kinder durch die sprachlichen Hürden eines Texts gefordert werden, umso weniger werden sie dem Text alle relevanten Informationen entnehmen können, wichtige und unwichtige Informationen voneinander unterscheiden oder im Text versteckte Informationen entdecken können. Vielmehr besteht die Gefahr, dass die Kinder den Überblick über den Text verlieren und damit nicht in der Lage sind, die Nachfolgeprozesse – Probleme lösen, modellieren, darstellen, kommunizieren, argumentieren – sinnvoll zu durchlaufen. Damit Kinder im Zweitspracherwerb auf dem Weg der Kompetenzentwicklung nicht verloren gehen, brauchen sie sprachliche Unterstützung und Förderung.

sprachliche Hürden

In der Regel werden auch Kinder nichtdeutscher Herkunftssprache, die noch am Beginn des Zweitspracherwerbs stehen, in den Regelklassen beschult. Sie nehmen am Fachunterricht teil, bevor an anderer Stelle die erforderlichen sprachlichen Grundlagen gelegt wurden. Gerade im Mathematikunterricht, der bisher nicht ausreichend unter dem Aspekt der Sprachförderung wahrgenommen wurde, kommt es darauf an, alle Sprachebenen zu fördern. Die spezifischen sprachlichen Voraussetzungen für das Lernen im Fach können nur im Fach selbst erworben werden. Dabei können wir die Kinder durch vielfältige Hilfen unterstützen. Zum einen verlangt dies die Anpassung der sprachlichen Anforderungen an die Fähigkeiten der SuS und zum anderen eine Sprachförderung, die am Sprachstand der Kinder anknüpft und sie zielbewusst weiterbringt. Die Sprachprofilanalyse bietet ein Instrument, das Ihnen ermöglicht

Sprachförderung als Aufgabe des Mathematikunterrichts

- die sprachlichen Anforderungen Ihres Unterrichts zu analysieren und zu planen,
- festzustellen, wo die Kinder im Spracherwerb stehen,
- die Sprachförderung Ihrer SuS gezielt abzuleiten.

Die Beschäftigung mit der Sprachprofilanalyse hilft Ihnen, zu verstehen, welche sprachlichen Fähigkeiten ein Kind bereits erworben hat, welche Fördermaßnahmen in diesem Stadium sinnvoll und möglich sind und welche Fortschritte zu erwarten sind.

Didaktische Prinzipien eines sprachförderlichen Mathematikunterrichts

Das Erlernen der Zweitsprache Deutsch vollzieht sich in bestimmten beschreibbaren Schritten – den sogenannten Erwerbssequenzen. Mit Hilfe der **Sprachprofilanalyse** wird festgestellt, welche Stufe ein Kind beim Erwerb der deutschen Satzstellung bereits erreicht hat und welche Stufen noch erworben werden müssen. Um dem Kind die folgende Erwerbsaufgabe zu erleichtern, sollte es in diesem Bereich durch ein gezieltes Angebot besonders unterstützt werden. Somit unterscheiden sich die Förderziele und damit sinnvolle Förderangebote für Kinder, die verschiedenen Erwerbsstufen zuzuordnen sind. Die Beschreibung der verschiedenen Sprachprofile erleichtert die passgenaue Auswahl von Fördermaterialien und die Einteilung der Lerngruppe in homogenere Teilgruppen.

den Sprachstand der Kinder kennen

Zu Beginn jedes neuen Themas sollte das sprachliche und fachliche Vorwissen der SuS aktiviert und strukturiert werden. Das ist aus fachdidaktischer Perspektive ebenso wichtig wie aus der Perspektive der Sprachförderung. Denn es gilt die Regel: Je geringer das Vorwissen, desto schwieriger sind Äußerungen und Texte zu verstehen. Wenn Sie das Vorwissen der Kinder sammeln, erkennen Sie, wo Sie den sprachlichen und fachlichen Schwerpunkt setzen können und wo noch größerer Förderbedarf herrscht.

Vorwissen aktivieren

| impliziter Spracherwerb | Das Erlernen einer Sprache ist eine dem Menschen angeborene Fähigkeit. Dazu bedarf es keines besonderen Unterrichts wie der Erstspracherwerb kleiner Kinder eindrücklich zeigt. Auch das Erlernen weiterer Sprachen gelingt auf natürlichem Weg (ungesteuerter Zweitspracherwerb) durch den Kontakt mit Sprechern dieser Sprachen. In vielen mehrsprachigen Kulturen ist dies der Regelfall. |

Sprachenlerner sind demnach unter günstigen Voraussetzungen in der Lage, eine Sprache zu erlernen, ohne dass ihnen explizit Grammatikregeln vermittelt werden. Besonders junge Lerner eignen sich auf spielerische und beiläufige Art Sprachen und deren Regeln unbewusst an. Aus dem sprachlichen Angebot generieren sie auf der Basis von Modellen unbewusst Regeln, die sich mit zunehmenden Erfahrungen mehr und mehr der Grammatik der Zweitsprache annähern. Sie entwickeln ein intuitives Gefühl für die Strukturen der Sprache und können erworbene Regeln unbewusst anwenden, ohne dass sie diese verbalisieren können. Diese Prozesse benötigen eine gewisse Zeit und sind abhängig von der Häufigkeit und der Qualität der vorgegebenen Modelle. Die explizite Vorgabe von Grammatikregeln scheint daher oft der effektivere Weg zu sein. Doch Untersuchungen zeigen, dass sich die Umsetzung explizit erworbener Regeln im Sprachgebrauch nur sehr langsam vollzieht und den Lerner große Anstrengung kostet. Die Konzentration auf memorierte Regeln hemmt viele Kinder beim Sprechen, weil sie befürchten, Fehler zu machen. Andererseits kann die Orientierung auf sprachliche Formen den unbewusst ablaufenden Regelbildungsprozess unterstützen („Language Awareness"), sodass es mit zunehmenden metasprachlichen Fähigkeiten heranwachsender Kinder sinnvoll ist, den impliziten Spracherwerb durch bewusstmachende Maßnahmen zu ergänzen.

viele Wiederholungen

Damit sich Kinder neue Wörter und bestimmte Strukturen aneignen können, benötigen sie ausreichend wiederholte Begegnungen mit dem neuen Inhalt. Eine einmalige Begegnung reicht nicht aus, um einen neuen Begriff abzuspeichern oder eine neue Grammatikstruktur zu erwerben.

Ein neuer Begriff wird umso nachhaltiger abgespeichert, je häufiger er rezeptiv verarbeitet – vor allem aber, je häufiger er produktiv verwendet wird. Je komplexer ein neuer Begriff im mentalen Gedächtnis verankert ist, desto schneller gelingt seine Aktivierung. Das bedeutet, dass neue Wörter, die in wechselnden Zusammenhängen gelernt werden (verschiedene syntagmatische Beziehungen, innerhalb von Wortfamilien …), leichter assoziiert werden können als Wörter, die hauptsächlich in zweisprachigen Vokabellisten geübt wurden. Das wiederholte Auftauchen der Begriffe in verschiedenen Kontexten ermöglicht die Ausdifferenzierung der Wortbedeutung und liefert den Lernenden Beispiele, wann ein neuer Begriff passend ist und wann ein anderer Begriff gewählt werden muss.

Die vielfache Begegnung mit einem Begriff oder einer sprachlichen Struktur ermöglicht die Bestätigung bzw. die Korrektur von Hypothesen, die ein Kind über die Bedeutung eines Wortes oder einer grammatischen Regel entwickelt hat.

Modelle vorgeben

Neben vielen Wiederholungen brauchen Kinder vor allem sprachliche Modelle, an denen sie sich orientieren können. Diese sollten optimalerweise etwas über dem festgestellten Sprachniveau des Lerners liegen. Kinder, die der Profilstufe 1 zuzuordnen sind, erhalten demnach beispielsweise verstärkt Modelle von Strukturen der nachfolgenden Profilstufe 2.

Satz- und Textmuster anbieten

Durch ein Angebot an sprachangemessenen Satz- und Textmustern werden Kinder entlastet, da sie sich verstärkt auf den fachlichen Inhalt konzentrieren können und nicht bereits an den Ausdrucksmöglichkeiten scheitern. Gleichzeitig werden sie durch den korrekten Gebrauch der Satzmuster sprachlich gefördert.

handlungsbegleitendes Sprechen

Intuitiv unterstützen Eltern ihr Kleinkind beim Sprechenlernen durch ein stets altersangemessenes Kommentieren des Alltags. Auch im Zweitspracherwerb spielt das handlungsbegleitende Sprechen eine große Rolle:

Die verbale Begleitung von Handlungen bettet die sprachlichen Informationen in einen unmittelbaren Kontext ein, der dem Lerner eine Menge weiterer Informationen (**Parallelinformationen**) zum Verständnis der Äußerung an die Hand gibt. In Kombination mit bereits erworbenen Bedeutungen und Strukturen unterstützt dies das Kind bei der Erschließung neuer, unbekannter Wörter. Dies bedeutet aber auch, dass die Lehrkraft ihre Äußerungen an das sprachliche Wissen der Kinder anpassen muss. Wenn die Äußerung zu viele unbekannte Elemente enthält, helfen auch die Parallelinformationen oft nicht weiter.

Die modellhafte Versprachlichung von Handlungen im Unterricht ist ein leicht umsetzbares Prinzip im Mathematikunterricht. Es trägt zum fachlichen Verstehen mathematischer Zusammenhänge bei. Fachtypische Sprachstrukturen werden modellhaft vorgegeben und unterstützen die Kinder im Fachunterricht.

Durch gezielte Fragen und Impulse können Kinder in ihrem Erwerbsprozess auf einfache Weise gut unterstützt werden. Durch die Art der Fragestellung wird den Kindern bereits sprachliches Material angeboten, das sie in ihrer Antwort aufgreifen können.

Fragen und Impulse können so formuliert werden, dass die mögliche Antwort dem Förderhorizont des Kindes entspricht:

- Entscheidungsfragen können lediglich mit „ja" oder „nein" beantworten werden (Förderhorizont 1). Mit Entscheidungsfragen kann überprüft werden, was Kinder schon verstanden haben und welche Begriffe Kinder bereits verstehen.
- Wer-Fragen, die nach dem Subjekt fragen, weisen Strukturen der Stufen 1 oder 2 auf und können auch mit diesen Strukturen beantwortet werden („Wer springt am weitesten?" „Junis springt am weitesten.").
- Warum-Fragen eignen sich besonders, um Antworten mit Nebensätzen anzuregen. Dies gilt auch für Impulse wie „Begründe!" oder „Was vermutest du?".

An den jeweiligen Sprachstand angepasste Fragen und Impulse unterstützen Kinder also bei der Sprachproduktion und vermeiden Überforderung.

gezielte Fragen und Impulse

(Fach)Begriffe werden im Kontext eingeführt und möglichst im Zusammenhang mit vielen grammatischen und morphologischen Informationen geübt (bestimmter und unbestimmter Artikel, Pluralformen, Vergangenheitsformen, Wortzusammensetzungen, Oberbegriffe …). Wortspeicher können im Klassenraum durch Plakate oder Tafelanschriften sichtbar gemacht und gemeinsam mit den SuS laufend ergänzt werden.

Wenn Wortschatz- oder Forscherhefte angelegt werden, haben die SuS die Möglichkeit, systematisch und individuell ihren Wortschatz zu dokumentieren und zu festigen. Die SuS können wiederkehrende Satzmuster auch auf andere Themen übertragen. Besonders hilfreich ist es, wenn Wortschatzhefte zweisprachig geführt werden. Die Muttersprache wird weiter ausgebaut, Sprachvergleiche sind möglich und die interkulturelle Kompetenz wird gefördert.

Wortspeicher anlegen

Jeder Klassenraum sollte mit einem (Bild-)Wörterbuch ausgestattet sein, damit die SuS sich auch eigenständig Begriffe und Bedeutungen erschließen können. Idealerweise sind auch zweisprachige Wörterbücher verfügbar.

Wörterbücher

Text- und Sachaufgaben lösen zu können, gehört zu den grundlegenden Kompetenzen im Mathematikunterricht, die sukzessive in der Grundschule aufgebaut werden. Die Sprache in Sach- und Textaufgaben ist präzise und verdichtet. Um die Aussagen von Texten, Diagrammen, Skizzen und Tabellen zu verstehen, sollten Sie den SuS Hilfen anbieten:

- Markieren (Textstellen, unbekannte Wörter, bekannte Wörter, Fachwortschatz, Schlüsselwörter)
- Selektives Lesen durch gezielte Fragen trainieren
- Fragen zum Textverständnis formulieren
- Texte expandieren (Aussagen durch Erweiterung, durch ausführlichere Beschreibungen verständlicher machen)
- Texte in andere Darstellungsformen übertragen (die Aussagen von Diagrammen als Rechengeschichte/als Bericht erzählen)
- Neue Wörter klären

Lese- und Texterschließungsstrategien üben

- Bezüge und Verweise im Text klären (z. B. Markieren der Pronomen, die sich auf einen bestimmten Protagonisten beziehen)
- Wichtige von unwichtigen Aussagen unterscheiden (Tabelle anlegen)

Hinweiswörter verstehen

Der Erwerb von Hinweiswörtern erleichtert es den Kindern zu erkennen, welche Rechenoperationen zur Lösung des Problems gefordert werden (z. B. zusammen, dazubekommen … → addieren; verschenken, verlieren … → subtrahieren; aufteilen, verteilen … → dividieren; je, mal … → multiplizieren). In der Förderung sollte jedoch dringend darauf geachtet werden, Automatismen zu vermeiden. Die SuS müssen lernen, die Hinweiswörter im jeweiligen Kontext zu betrachten und sie zu den weiteren Informationen, die im Text gegeben werden, in Bezug zu setzen, statt die in einem Text gegebenen Zahlen ausschließlich durch die im Hinweiswort erkennbare Rechenoperation miteinander in Bezug setzen. Dies kann zu Fehlern führen, z. B.:

„Tina und Ben kaufen insgesamt 5 Sechserpäckchen Sammelbilder. Ben bekommt 18 Sammelbilder. Wie viele bekommt Tina?"

Das Hinweiswort „insgesamt" kann bei unreflektierter Interpretation und mangelndem Textverständnis als Signal für eine Additionsaufgabe gesehen werden und zu folgender Rechnung führen: 5 + 18 = 23

Grundlagen der Sprachprofilanalyse

Spracherwerb ist ein kreativer Prozess, in dessen Verlauf die Kinder unbewusst der sie umgebenden Sprache Begriffe und Muster entnehmen und diese für ihre eigenen Äußerungen gebrauchen. Dabei entwickelt das Kind zunächst ein sehr einfaches, reduziertes System, das sich immer mehr der Umgebungssprache angleicht. Über Vereinfachungen und Übergeneralisierungen nähert sich das Kind der Zielsprache an, indem es unbewusst Hypothesen darüber entwickelt, durch welche Begriffe, Formen und Strukturen es das ausdrücken kann, was es beabsichtigt. In der Interaktion mit der Umwelt erfährt das Kind, ob seine Äußerung ausreichend war oder ob seine Annahmen verfeinert oder verändert werden müssen. Hier geben die Reaktionen der Umwelt und der Sprachgebrauch in der Umwelt Impulse und Modelle vor.

Stufen des Spracherwerbs

Empirische Untersuchungen wie die von Prof. W. Grießhaber haben Spracherwerbsprozesse von Kindern wissenschaftlich begleitet. Es konnte belegt werden, dass der ungesteuerte Spracherwerb in beschreibbaren Sequenzen vollzogen wird, die bei jedem Kind gleich ablaufen. Wenn der Lerner also einer bestimmten Stufe zugeordnet werden kann, kann außerdem beschrieben werden, was bereits erworben wurde und welcher Schritt als nächster vollzogen wird. Eine sehr anschauliche und ausführliche Darstellung dieses Diagnoseverfahrens mit Übungen und Filmworkshop auf DVD finden Sie im parallel erschienenen Band: Beatrix Heilmann/Prof. Wilhelm Grießhaber: Diagnose & Förderung leicht gemacht. Das Praxishandbuch. Ernst Klett Sprachen, Stuttgart 2012. ISBN 978-3-12-666801-9.

schulische Förderung und Unterstützung

Diese Erkenntnisse sind von unschätzbarem Wert für die Planung von Fördermaßnahmen und die Unterstützung von Kindern nichtdeutscher Herkunftssprache. Denn auch wenn eine Sprache auf natürlichem Weg erworben werden kann, lernen viele Kinder unter erschwerten Bedingungen. Viele Kinder haben zu wenig Kontakt zum Deutschen, sodass sich der Erwerbsprozess verlangsamt oder auch zum Stillstand kommt. Die Auswirkungen auf den schulischen Erfolg sind vielerorts belegt. Aus diesem Grund kommt der schulischen Unterstützung des Zweitspracherwerbs eine hohe Bedeutung zu – eine Aufgabenstellung, auf die viele Lehrerinnen und Lehrer in der Vergangenheit allenfalls am Rande vorbereitet wurden. Das Arbeiten mit der Sprachprofilanalyse, der die wissenschaftlichen Studien von Prof. W. Grießhaber zugrunde liegen, unterstützt Sie bei dieser Aufgabe.

Was leistet die Profilanalyse?

Die Sprachprofilanalyse ist ein in der Unterrichtspraxis erprobtes Verfahren, mit dem der Sprachstand Ihrer SuS einfach und in allen Fächern erhoben werden kann. Zugrunde liegt die Erkenntnis, dass der Zweitspracherwerb im Bereich des Satzbaus in immer gleichen, beschreibbaren Schritten vollzogen wird. Diese einzelnen Schritte im Syntaxerwerb stehen in unmittelbarem Zusammenhang mit weiteren Erwerbsbereichen: grammatische Kompetenzen, Wortschatz, kommunikative Fähigkeiten und Erzählfähigkeit. So ergeben sich für die einzelnen Entwicklungssequenzen spezifische Sprachprofile, die von Prof. W. Grießhaber durch insgesamt sieben Profilstufen beschrieben wurden. Dabei bezieht sich die Beschreibung der jeweiligen Profilstufe auf die **Stellung des Verbs im Satz**.

Im Deutschen steht das finite Verb unverrückbar an der zweiten Stelle im Satz. Ein finites Verb ändert seine Form abhängig von Person, Einzahl-Mehrzahl (Numerus) und Zeitform (Tempus).

Im einfachen Aussagesatz steht das (finite) Verb nach dem Subjekt.

Position 1	Position 2		Satzende
	finites Verb		infiniter Verbteil
Mama	lacht.		

der Aussagesatz mit finitem Verb

Wenn die Satzaussage aus zwei Teilen besteht, steht der finite Verbteil an der zweiten Stelle, der infinite (unveränderliche) Verbteil am Satzende. Die beiden Teile des Verbs bilden die sogenannte Satzklammer. Ein infinites Verb behält seine Form bei verschiedenen Personen oder Zeitformen. Infinite Verbformen sind der Infinitiv (ich will <u>lachen</u>, du willst <u>lachen</u>, wir konnten <u>lachen</u>), das Partizip I (<u>lachend</u> kommt sie, das <u>lachende</u> Mädchen) und das Partizip II (ich habe <u>gelacht</u>, du hast <u>gelacht</u>, wir hatten <u>gelacht</u>, …). An zweiter Stelle im Satz stehen in diesen Fällen gebeugte Modalverben oder Hilfsverben (z. B. im Perfekt).

Satzklammer

Position 1	Position 2		Satzende
	finites Verb		infiniter Verbteil
Peter	will		spielen.
Peter	hat		gelacht.

Bei vielen deutschen Verben handelt es sich um trennbare (zweiteilige) Verben, die im Satz ebenfalls in einen finiten und einen infiniten Verbteil getrennt werden. Wiederum steht der finite Verbteile an der zweiten Stelle im Satz, während die Vorsilbe als infiniter Verbteil die Position am Ende des Satzes einnimmt.

Satzklammer

Position 1	Position 2		Satzende
	finites Verb		infiniter Verbteil
Peter	lacht	Paul	aus.

Im Gegensatz zur zweiten ist die erste Position im Satz austauschbar: Um z. B. Ereignisse miteinander zu verknüpfen oder um zu beschreiben, wann und wo sich etwas ereignet, können Sätze mit Zeit- oder Ortsadverbien eingeleitet werden. In diesen Fällen rückt das Subjekt hinter das Verb (Inversionsstellung); auch dann bleibt das Verb also an zweiter Stelle.

der Aussagesatz mit Subjekt nach finitem Verb

Position 1	Position 2		Satzende
	finites Verb		infiniter Verbteil
Dann	lacht	Mama.	

das Verb im Fragesatz

Auch in Fragesätzen mit einem Fragewort an erster Stelle des Satzes steht das finite Verb an zweiter Stelle. Bei manchen Satzarten bleibt die erste Position im Satz unbesetzt, der Satz beginnt also direkt mit dem Verb, z. B. bei Fragesätzen ohne Fragewort und in Aufforderungssätzen. Auch hier nimmt das finite Verb die zweite Position (nach der unbesetzten ersten) ein.

Position 1	Position 2		Satzende
	finites Verb		infiniter Verbteil
Wer	lacht?		
(unbesetzt)	Lachst	du?	
(unbesetzt)	Kommen	Sie!	
(unbesetzt)	Komm!		

das Verb im Nebensatz

Die Verbstellung in Nebensätzen unterscheidet sich von der Verbstellung im Hauptsatz. Nebensätze sind einem Hauptsatz untergeordnet und werden z. B. durch Relativpronomen („Ich mag das Buch, *das* du mir geschenkt hast.") oder Konjunktionen (z. B. weil, obwohl, ob) eingeleitet. In Nebensätzen steht das finite Verb am Satzende.

	Position 2		Satzende
			finites Verb
… dass	er	so groß	ist.

Fünf relevante Profilstufen für die Grundschule

Die beschriebenen Satzstrukturen werden von Lernern der deutschen Sprache in einer bestimmten Reihenfolge erworben. Auf diesen Erwerbsschritten basieren die sieben Stufen der Profilanalyse, von denen allerdings nur die ersten fünf für die Arbeit in der Grundschule relevant sind.

Profilstufe 0

Stufe 0: Bruchstückhafte Äußerungen
Zu Beginn des Zweitspracherwerbs verwenden die Kinder noch keine finiten Verben. Sie äußern sich in Bruchstücken, z. B.: „anziehn"; „Ich auch."

Profilstufe 1

Stufe 1: Finites Verb in einfachen Äußerungen
Im nächsten Schritt gelingt es den Kindern, finite Verben in einfachen Äußerungen an zweiter Stelle zu gebrauchen. Das Verb muss auf dieser Stufe noch nicht korrekt gebeugt sein, allerdings muss die Beugung erkennbar sein, z. B.: „Ich versteh." „Ich gang zu Pause."

Profilstufe 2

Stufe 2: Trennung von finiten und infiniten Verbteilen
Profilstufe 2 ist dadurch gekennzeichnet, dass es den Kindern gelingt, Verben in den finiten und infiniten Verbteil zu zerlegen und eine Satzklammer zu bilden. Der finite Verbteil steht dabei an zweiter Stelle, der infinite Verbteil steht am Satzende, z. B.: „Und ich habe dann geweint."

Mit dem Erreichen dieser Stufe ist es dem Kind sprachlich möglich, mit Hilfe von Modalverben Absichten zu äußern, eine Vergangenheitsform zu gebrauchen (Perfekt) oder Verben differenziert zu verwenden, z. B. Bedeutungsunterschiede durch Vorsilben zu realisieren: „Ich schreibe auf. Ich schreibe ab."

Stufe 3: Subjekt nach finitem Verb (Inversion)

Profilstufe 3 lässt sich als ein wesentlicher Meilenstein im Spracherwerb beschreiben. Den Kindern gelingt es nun, Sätze z. B. mit Zeitadverbien wie „und dann …" zu verknüpfen, die eine Inversion erfordern. Dadurch ist es möglich, Äußerungen in eine zeitliche Abfolge zu bringen und somit Ereignisse chronologisch zu erzählen. Mit Ortsadverbien kann der Hörer im gemeinsamen Handlungsraum orientiert werden, z. B.: „Dort liegt das Buch." Strukturell steht in Sätzen mit Inversion beispielsweise ein Zeitadverb am Satzanfang und das Subjekt hinter dem Verb, z. B.: „Und dann geht er nach Hause."

Profilstufe 3

Stufe 4: Nebensatz mit finitem Verb in Endstellung

Die Bildung von Nebensätzen, in denen das finite Verb am Ende steht, kennzeichnet Profilstufe 4, z. B. „…, weil der auch mal mit seiner Klasse gefahren ist."

Profilstufe 4

Altersbedingt gehen die verwendeten Sprachstrukturen von Grundschulkindern in der Regel nicht über Stufe 4 hinaus. Auf die Beschreibung der komplexeren Sprachstrukturen der Profilstufen 5 (eingefügter Nebensatz) und 6 (erweitertes Partizipialattribut in einer Nominalkonstruktion) wird deshalb an dieser Stelle verzichtet.

Die Sprachprofilanalyse als Basis für erfolgreiche Fördermaßnahmen

Nachdem Sie sich mit den Grundlagen der Sprachprofilanalyse vertraut gemacht haben, können Sie mit ihrer Hilfe ohne weitere Vorkenntnisse den Sprachstand der Kinder im Deutschen erheben. Mit Hilfe der Sprachprofilanalyse können Sie mündliche Äußerungen, aber auch schriftliche Sprachproben Ihrer SuS analysieren. Die Analyse erfolgt einzig über die Stellung des Verbs in den Äußerungen der Kinder. Dies ermöglicht auf der einen Seite eine genaue Einordnung, an welcher Stelle die Kinder im Zweitspracherwerbsprozess stehen. Auf der anderen Seite ist die Auswertung und Analyse der gewonnenen Sprachdaten übersichtlich und mit etwas Übung ohne allzu großen Zeitaufwand zu leisten.

Aus den gewonnenen Ergebnissen lassen sich unmittelbar konkrete Fördermaßnahmen ableiten, sodass eine Über- aber auch Unterforderung ihrer SuS in sprachlicher Hinsicht vermieden werden kann.

Beim Einsatz der Profilanalyse hat sich der von Prof. W. Grießhaber entwickelte Sprachprofilbogen bewährt. Darauf sind die Merkmale der einzelnen Profilstufen zusammengefasst, sodass die Zuordnung von Äußerungen erleichtert wird. Auch weiterführende Beobachtungen zum Sprachstand des Kindes können auf diesem Bogen vermerkt werden.

Es empfiehlt sich, die Profilanalyse in regelmäßigen Abständen durchzuführen und den jeweiligen Sprachstand eines Kindes zu den verschiedenen Erhebungszeitpunkten auf einem Bogen festzuhalten. Diese Bögen bilden einerseits die Grundlage für die Planung der Fördermaßnahmen im nächsten Förderzeitraum, andererseits können Sie so die Sprachentwicklung Ihrer SuS dokumentieren: Zur Beurteilung der Entwicklung Ihrer Kinder liegen Ihnen konkrete Daten vor.

Diagnose mit Hilfe des Sprachprofilbogens

Sprachprofilbogen Grundschule

Name des Kindes: _____

Datum: _____ BeobachterIn: _____

Mitschrift:

Äußerungen Stufe:

0 _____ 1 _____ 2 _____ 3 _____ 4 _____

Profilstufe Ergebnissumme	Stufe 0	Stufe 1	Stufe 2	Stufe 3	Stufe 4

Ermittelte Stufe/Gesamtprofil: _____

Bemerkungen: _____

Stufe 4: Nebensatz mit finitem Verb in Endstellung … nach Konjunktionen („dass, wenn, weil, …")
z. B.: „ … weil der auch mal mit seiner Klasse gefahren ist."

Stufe 3: Subjekt nach finitem Verb … nach vorangestelltem Element
z. B.: „Dann brennt die."; „Da ist der Papa."

Stufe 2: Trennung von finitem und infinitem Verbteil
Perfekt mit Hilfsverb haben/sein und Vollverb
z. B.: „Und ich habe dann geweint."
- Modalverb und Vollverb: z. B. „Ich wollte den auch hinwerfen."
- trennbare Vorsilbe am Satzende: z. B. „Ich bring noch Legos mit".

Stufe 1: Finites Verb in einfachen Äußerungen
z. B.: „Ich versteh."; „Der Benjamin hat einen Schlitten."

Stufe 0: Bruchstückhafte Äußerungen
- akustisch unverständliche Äußerung
- grammatisch unvollständige Äußerung: z. B. „Mein Bruder."; „Sieben."
- floskel- oder formelhafte Äußerung: z. B. „Ich auch."; „Danke."; „Bisschen."

Von der diagnostizierten Stufe zum Förderhorizont

Mit Hilfe der Sprachprofilanalyse können Sie das sprachliche Profil eines Kindes bestimmen und einer Profilstufe zuordnen. Nach der Sprachstandserhebung wissen Sie, welche Strukturen das Kind bereits erworben hat und welche Schritte es bis zum Erreichen der nächsten Profilstufe bewältigen muss. Letztere definieren den sogenannten Förderhorizont, an dem sich die Planung der Fördermaßnahmen ausrichten sollte, um das Kind auf seinem Erwerbsweg sinnvoll und gezielt zu unterstützen. Da die Erwerbsreihenfolge bei jedem Kind dieselbe ist und kein Erwerbsschritt ausgelassen werden kann, ermöglicht die Orientierung am Förderhorizont des Kindes eine passgenaue Sprachförderung. So vermeiden Sie sowohl eine Über- als auch eine Unterforderung des Kindes und bieten ihm genau das Material, das ihm den Erwerb der Strukturen erleichtert und es zur nächstfolgenden Profilstufe führt.

Fördermaßnahmen mit den Förderhorizonten planen

FÖRDERHORIZONT 1

PROFILSTUFE 0	FESTIGEN / AUFBAUEN	PROFILSTUFE 1
▪ überwiegend bruchstückhafte Äußerungen: *„anziehn./Ich auch."*	▪ Wortschatz ▪ einfache Äußerungen (mit aktiver Unterstützung) ▪ Verben	▪ finites Verb in einfachen Äußerungen: *„Ich versteh."*
MERKMALE		**MERKMALE**
▪ große Lücken im Wortschatz ▪ Verben fehlen häufig ▪ erste Anzeichen von Beugung („schlaft") ▪ Mimik und Gestik stark unterstützend ▪ Hilfe durch Zuhörer unerlässlich	**SCHWERPUNKT** Wortschatzaufbau, Sprachrituale, handlungsbegleitendes Sprechen	▪ eingeschränkter Wortschatz ▪ Genus unsicher ▪ meist finite Verben ▪ Hilfe durch Zuhörer erforderlich

Profilstufen und Merkmale für den Förderhorizont 1

Kinder, die der Profilstufe 0 zuzuordnen sind, haben erst seit kurzer Zeit Kontakt zur deutschen Sprache. Sie kennen bisher nur wenige deutsche Begriffe und verwenden diese in bruchstückhaften Äußerungen. Dabei handelt es sich um Ein- oder Mehrwortäußerungen, eventuell auch um formelhafte Wendungen, aber noch nicht um selbstständig gebildete vollständige Sätze. In der Regel bleiben eine oder mehrere Stellen im Satz aufgrund der noch großen Lücken im Wortschatz unbesetzt. Für eine ansatzweise gelingende Verständigung sind die parallelen Informationen, wie sie Gestik und Mimik liefern, eine unverzichtbare Grundlage. Unerlässlich ist auch die Unterstützung durch den Zuhörer, der durch Nachfragen, Wortvorschläge oder durch Gestik und Mimik die Äußerungsabsicht der Kinder klären kann.

Sie können das Kind beim Erreichen der Profilstufe 1 gezielt unterstützen, wenn sie ihm das dafür notwendige sprachliche Material konzentriert zur Verfügung stellen: Der Aufbau des Wortschatzes und einfache Satzstrukturen (Subjekt – Verb – Objekt) stellen Schwerpunkte in der Förderung auf Förderhorizont 1 dar.

Fördermaßnahmen für den Förderhorizont 1

Kinder auf Förderhorizont 1 sind selbst in alltagssprachlichen Zusammenhängen noch überfordert. Sie verstehen vieles nicht und können noch weniger äußern, was sie sagen wollen. Umso größer sind die Anforderungen in der Schule, im Fachunterricht und in der Auseinandersetzung mit der Schriftsprache. Die schulische Sprache ist geprägt durch einen zunehmend dekontextualisierten Sprachgebrauch (Lehrervorträge zu einem Thema, Erklärungen, Text- und Sachaufgaben …). Sie ist auch reicher an Fachbegriffen und Funktionswörtern und anspruchsvollen Strukturen. Um die Kinder dabei zu unterstützen, auch mit geringen Sprachkenntnissen dem Fachunterricht folgen zu können, bedarf es gezielter Hilfen und sprachlicher Entlastung. Hilfen erfahren die Kinder, wenn ihnen der notwendige Wortschatz und angemessene Redemittel zur Verfügung gestellt werden. In den Förderbausteinen finden Sie zahlreiche Beispiele dafür, wie der für den Themenbereich erforderliche Wortschatz und einfache Phrasen eingeübt werden können. Wichtig sind häufige Wiederholungen, damit die geübten Wörter und Satzmuster sich im Langzeitgedächtnis abspeichern und somit dann wirklich gelernt sind. Nicht immer jedoch benötigen Sie dazu Materialien. Ein achtsames, sprachbewusstes Unterrichten und handlungsbegleitendes Sprechen leisten einen äußerst wirkungsvollen Beitrag zum Fördererfolg. Die Lehrersprache sollte sich dem Förderhorizont anpassen. Sprechen Sie in einfachen Sätzen, langsam und deutlich. Machen Sie Pausen, damit die Kinder Zeit haben, Ihre Äußerungen nachzuvollziehen.

Wortschatzarbeit

Entlastung erfahren die Kinder, wenn ihnen Begriffe und Satzmuster vorgegeben werden. Sie müssen somit wenig selbst formulieren, sondern ordnen überwiegend Begriffe zu, wiederholen oder verbinden vorformulierte Satzteile oder Äußerungen. Dadurch werden Fachbegriffe und Satzmuster gefestigt und es gelingt, dass auch SuS mit geringen Sprachkenntnissen fachlichen Inhalten folgen können. Besonders die Wortschatzarbeit steht im Fokus der Förderung von Kindern auf Förderhorizont 1. Neben der (fachsprachlichen) Erweiterung des Wortschatzes ist es wichtig, die Vorstellungen, die Kinder mit bestimmten Begriffen verbinden, gründlich zu vertiefen.

Förderung des einfachen Satzbaus

Damit die Kinder die Regeln zur Bildung einfacher Aussagesätze erwerben, stehen diese Strukturen im Mittelpunkt der Förderung. In den Aufgaben für Förderhorizont 1 sind zahlreiche Satzbeispiele zu finden, die Ihren SuS als Modelle für den einfachen Aussagesatz im Deutschen dienen können. Die gezielte Vorgabe erleichtert den Kindern den impliziten Erwerb der Struktur. Gleichzeitig bieten die Unterrichtsvorschläge und Fördermaterialien den Kindern umfangreich Gelegenheit, mündlich und schriftlich einfache Sätze zu rezipieren und zu produzieren und somit ihre Kompetenz im Deutschen zu erproben und zu festigen. So müssen Kinder beispielsweise ihre eigenen Fragen und Antworten nicht formulieren, sondern sie werden durch ein Auswahlangebot unterstützt. Dabei wird somit keine inhaltliche, sondern nur eine sprachliche Entlastung angeboten.

Visualisierung

Texte enthalten viele Wörter (besonders Funktionswörter) und Formen, die Kinder auf Förderhorizont 1 noch nicht erworben haben. Damit sie trotzdem an der Arbeit mit Text- und Sachaufgaben beteiligt werden können, sollten die Texte, mit denen sie arbeiten, so weit wie es sinnvoll möglich ist, entlastet werden. Ziel ist es, das Anspruchsniveau des Textes so an den Sprachstand der Kinder anzupassen, dass sie mit ihm arbeiten können und Anregungen für die nächsten Erwerbsschritte bekommen. Ohne weitere Hilfestellung wird dies bei Kindern auf Förderhorizont 1 noch nicht möglich sein, da sie erst ganz am Anfang des Spracherwerbs stehen. Besonders hilfreich ist es, den Kindern die Möglichkeit zu geben, Parallelinformationen zu nutzen, um den Inhalt des Textes zu erschließen. Diese können in Form von Textinszenierungen, Bildern oder nichtlinearen Texten (Tabellen, Diagrammen, Schaubildern …) gegeben werden.

Obwohl der Wortschatz von Kindern auf Profilstufe 1 noch immer sehr eingeschränkt ist, gelingt es ihnen bereits, das Verb in ihren Äußerungen erkennbar zu beugen und an die zweite Position zu stellen. Bestimmte Positionen im Satz können weiterhin noch unbesetzt sein; besonders Artikelauslassungen sind auf dieser Profilstufe keine Seltenheit. Die Kinder haben noch große Unsicherheiten, das richtige Genus zu verwenden, die so weit gehen können, dass der Artikel vorläufig noch ignoriert wird. Noch immer benötigen die Kinder die Unterstützung durch ihre Zuhörer, um ihre Äußerungsabsichten umsetzen zu können.

FÖRDERHORIZONT 2

PROFILSTUFE 1

- finites Verb in einfachen Äußerungen: *„Ich versteh."*

MERKMALE

- eingeschränkter Wortschatz
- Genus unsicher
- meist finite Verben
- Hilfe durch Zuhörer erforderlich

FESTIGEN

- Wortschatz
- Verben

AUFBAUEN

- Differenzierung des verbalen Wortschatzes
  - Modalverben
  - Verben im Perfekt
  - trennbare Verben

SCHWERPUNKT

Verben, erstes Vorlesen (interaktiv)

PROFILSTUFE 2

- Trennung von finitem und infinitem Verbteil: *„Und ich habe dann geweint."*

MERKMALE

- Wortschatz ausreichend
- Genus unsicher
- Verben im Perfekt
- Modalverben
- beginnende Verkettung
- Unterstützung durch Hörer

Profilstufen und Merkmale für den Förderhorizont 2

Auf Förderhorizont 2 ist die Förderung des Wortschatzes und der relevanten Satzmuster weiterhin ein zentraler Bereich. Der notwendige Wortschatz und die passenden Redemittel werden zur Verfügung gestellt. Allerdings wird der Wortschatz weiter ausdifferenziert. Der nächste Erwerbsschritt (Erwerb der Satzklammer) wird erleichtert, indem Modalverben, Hilfsverben und trennbare Verben gezielt verwendet werden.
Mit Hilfe von Modalverben lassen sich Instruktionen („Du musst das Blatt in der Mitte falten."), Absichten („David will einen Ball kaufen.") oder auch Regeln formulieren. Die Verwendung von Hilfsverben ist unabdingbar für die Bildung des Perfekts („Ali hat Geld gespart."), die gebräuchliche Vergangenheitsform des mündlichen Erzählens. Der Gebrauch trennbarer Verben ermöglicht ein differenziertes Beschreiben (und damit auch Verstehen) von Handlungen: „Herr Meier läuft zurück."

Erwerb der Satzklammer

Die Verwendung von Modal-, Hilfs- und trennbaren Verben eröffnet den SuS also ganz neue Ausdrucksformen: Ereignisse können zeitlich eingeordnet werden, wenn die Kinder sprachlich verschiedene Zeitformen realisieren können. Absichten, Wünsche und Regeln können verstanden und ausgedrückt werden. Die Bedeutung von Verben mit unterschiedlichen Vorsilben werden sukzessive erworben, wodurch z.B. ein differenziertes Verständnis von Arbeitsanweisungen möglich wird („Setz die Zahlenreihe fort." „Setz dich hin.").
Der richtige Gebrauch von trennbaren Verben stellt besonders auch in semantischer Hinsicht eine Herausforderung dar. Die Erfassung von Bedeutungsunterschieden, die ausschließlich durch die Vorsilbe ausgedrückt werden, kann auch Deutschlernern, die bereits viele Jahre Kontakt zur deutschen Sprache haben, noch Schwierigkeiten bereiten und sollte deshalb durchgängig geübt werden.

Verwendung von Modal-, Hilfs- und trennbaren Verben

Profilstufen und Merkmale für den Förderhorizont 3

FÖRDERHORIZONT 3

PROFILSTUFE 2		PROFILSTUFE 3
- Trennung von finitem und infinitem Verbteil: *„Und ich habe dann geweint."* **MERKMALE** - Wortschatz ausreichend - Genus unsicher - Verben im Perfekt - Modalverben - beginnende Verkettung - Unterstützung durch Hörer	**FESTIGEN** - Modalverben - Verben im Perfekt - trennbare Verben - mündliches Erzählen **AUFBAUEN** - Verkettung von Äußerungen mit „und dann …" - Variation von Satzanfängen „heute, morgen, danach …" - schriftliches Erzählen **SCHWERPUNKT** Erzählförderung, Verkettung von Äußerungen	- Subjekt nach finitem Verb: *„Und dann geht er nach Hause."* **MERKMALE** - Wortschatz ausreichend - Personalpronomen (er, sie …) - Verkettung von Äußerungen - selbstständige Äußerungen/Erzählsequenzen ohne Hörerhilfe möglich - Gebrauch der Inversionsstellung

Lernern auf Profilstufe 2 gelingt es, finite Verbteile von infiniten Verbteilen zu trennen und Satzklammern zu bilden. Teilweise benötigen sie noch die Unterstützung des Hörers. Sie verfügen über Modal- und Hilfsverben und das Partizip Perfekt. Ihr Alltagswortschatz ist allmählich ausreichend entwickelt, was jedoch nicht bedeutet, dass nun die Wortschatzarbeit an Bedeutung verliert. Fachwortschatz und bildungssprachliche Begriffe dürfen auf keinen Fall vorausgesetzt werden. Interferenzen müssen geklärt werden.

Präpositionen

Auch das Verstehen von Präpositionen ist eine weitere wichtige Voraussetzung für das präzise Verstehen von Text- und Sachaufgaben. Ihr Verständnis und ihr richtiger Gebrauch stellen für den Zweitsprachenlerner einen anspruchsvollen Erwerbsbereich dar. In vielen Herkunftssprachen gibt es Präpositionen, wie sie uns bekannt sind, nicht. Der Erwerb von Präpositionen nimmt einen längeren Zeitraum in Anspruch. Der Mathematikunterricht bietet typische Kontexte für den Gebrauch von Präpositionen („Die Kinder bekommen je eine Kugel Eis." „Ich lege die Ecke auf den Mittelpunkt."). Es kann jedoch noch nicht erwartet werden, dass die Kinder alle Präpositionen richtig gebrauchen bzw. mit korrekt deklinierten Artikeln, Adjektiven und Nomen verwenden, zumal einige Präpositionen manchmal den Dativ und manchmal den Akkusativ verlangen (Wechselpräpositionen).

Neben der Festigung der bereits erworbenen Strukturen liegt der Schwerpunkt nun auf dem Erwerb der Inversionsstellung, d. h. der Stellung des Subjekts nach dem finiten Verb. Diese Satzmuster ermöglichen es, Ereignisse chronologisch zu verketten oder Begründungen zu formulieren („Zuerst habe ich …, Dadurch konnte ich …, Zum Schluss muss ich …") und sind wichtige Strukturen, um Beobachtungen, Abfolgen usw. wiederzugeben. Außerdem weisen Fragen und Imperativsätze diese Struktur auf.

Verkettung von Äußerungen

In einem ersten Schritt muss es den Kindern gelingen, Sätze nach einem einleitenden Zeitadverb so umzustellen, dass das Subjekt nach dem finiten Verb steht. Deshalb ist es vorerst ausreichend, unverbundene Sätze mit „und dann …" verbinden zu lassen. Eine abwechslungsreichere und differenziertere Verwendung von Zeitadverbien („später", „danach" …) wird erst im Verlauf der weiteren Förderung erwartet, auch wenn Sie als Lehrkraft bereits ein variantenreicheres Vorbild geben.

Kinder lernen, Begründungen und Abfolgen zu verstehen und zu formulieren (z. B. bei der Beschreibung von Lösungs- oder Rechenwegen), und dazu Sätze mit Inversionsstellung zu nutzen.

Profilstufen und Merkmale für den Förderhorizont 4

PROFILSTUFE 3

- Subjekt nach finitem Verb: *„Und dann geht er nach Hause."*

MERKMALE

- Wortschatz ausreichend
- Personalpronomen (er, sie …)
- Verkettung von Äußerungen
- selbstständige Äußerungen/Erzählsequenzen ohne Hörerhilfe möglich
- Gebrauch der Inversionsstellung

FÖRDERHORIZONT 4

FESTIGEN

- Verkettung von Äußerungen mit *„und dann …"*
- Variation von Satzanfängen *„heute, morgen, danach …"*
- schriftliches Erzählen

AUFBAUEN

- Nebensätze mit *„weil, wenn, obwohl …"*
- Geschichtenmuster: *„doch da …", „plötzlich …", „aber dann …"*
- schriftliches Erzählen

SCHWERPUNKT
Nebensätze, Geschichtenmuster

PROFILSTUFE 4

- Nebensatz mit finitem Verb in Endstellung: *„…, weil der auch mal mit seiner Klasse gefahren ist."*

MERKMALE

- Wortschatz differenziert
- komplexe Satzstrukturen
- dichte Verkettung
- Einbeziehung und Steuerung des Hörers
- eigenständige Erzählsequenzen

Mit dem Erreichen der Profilstufe 3 können die SuS nun satzübergreifende Bezüge herstellen und die Inversionsstellung realisieren. Diese Fähigkeit wird auf Förderhorizont 4 weiter ausgebaut.

Auf Förderhorizont 4 erwerben die SuS die Verbstellung in Nebensätzen, die sich von der Stellung des Verbs im Hauptsatz unterscheidet: Im Nebensatz steht das finite Verb am Satzende („Beschreibe, was übrig geblieben **ist**."). Es lassen sich verschiedene Nebensatztypen unterscheiden, die in der Grundschule bedeutsam sind und mit verschiedenen Konjunktionen (Bindewörtern) eingeleitet werden.

- Begründungen (Kausalsätze, weil): „Die Lehrerin nimmt Junis mit, **weil** er in allen Sportarten gut ist."
- Folgesätze (Konsekutivsätze, dass-Sätze): „Hier steht, **dass** ein Elefant 5,5 t wiegt."
- Bedingungssätze (Konditionalsätze wenn – dann): „**Wenn** ein Stift 2 Euro kostet, **dann** kosten 3 Stifte 6 Euro."
- Relativsätze: „Ich möchte die Puppe, **die** 10 Euro kostet."
- Einräumungen (Konzessivsätze, obwohl): „Beide Kinder brauchen gleich lang, **obwohl** Lisas Schulweg kürzer ist."

Erwerb von Nebensätzen

Erst mit der Fähigkeit, Nebensätze bilden zu können, gelingt es den Kindern, die mit den prozessbezogenen Kompetenzen geforderten sprachlichen Handlungen wie z. B. Argumentieren, Begründen oder Vergleichen ohne Hilfe zu bewältigen. Damit ist ein wichtiger Schritt im Erwerb bildungssprachlicher Kompetenz erreicht. Damit die Vertrautheit der Kinder mit Nebensätzen steigt, werden auf Förderhorizont 4 verschiedene Anlässe genutzt, Nebensätze zu bilden. Die Förderbausteine zeigen Ihnen, welche Impulse Sie setzen können, um die Kinder zur Bildung von Nebensätzen anzuregen.

Fachwortschatz weiter ausbauen

Neben der Festigung der Nebensatzstrukturen muss die Vermittlung von Fachwortschatz, von fachsprachlichen Formulierungen und von bildungssprachlichen Ausdrücken, die im alltäglichen Kontext nicht erworben werden, auch auf Förderhorizont 4 eine zentrale Rolle einnehmen.

EINLEITUNG 25

Bezüge innerhalb einer längeren mündlichen Äußerung oder eines Textes werden nicht nur über verkettende Satzanfänge und Konjunktionen hergestellt. Auch Personalpronomen stellen Bezüge zwischen Sätzen und Satzteilen her, indem sie einerseits die Ausrichtung auf einen Protagonisten im Gesagten oder im Text fortführen und andererseits in ihrer Bedeutung vom bereits Gesagten abhängen („Die Sportlehrerin wollte Kinder für den Sportwettkampf aussuchen. Zuerst mussten die Kinder für den 50-m-Lauf üben. Danach haben sie noch für den Hochsprung und Weitsprung trainiert."). Die Fähigkeit, solche Bezüge verstehen und herstellen zu können, setzt bereits fortgeschrittene sprachliche Kompetenzen voraus und ist eng mit dem Erwerb grundlegender grammatikalischer Bereiche verknüpft: dem Wissen um den richtigen Artikel bei Nomen und der Fähigkeit, Artikel, Nomen und Adjektive richtig zu deklinieren.

fachsprachliche Mittel verstehen und anwenden

Mathematische Fachsprache zeichnet sich durch Exaktheit und Unpersönlichkeit aus. Die Förderung der dazu verwendeten sprachlichen Mittel, wie Passiv oder passivähnliche Konstruktionen, Nominalisierungen, Genitivattribute und Ausdrücken der Allgemeingültigkeit („man") steht jetzt im Vordergrund. Ebenso muss die Zuordnung von Pronomen und Adverbien zu dem betreffenden Nomen geübt werden. Das ist für das Verstehen von Textaufgaben unverzichtbar.

Was leisten die Förderbausteine?

Fördermaßnahmen differenziert planen und umsetzen

Eine sinnvolle, erfolgreiche Sprachförderung orientiert sich am Erwerbsstand der Kinder. Da die Sprachstände der Kinder in einer Klasse sehr unterschiedlich sein können, bedeutet dies, dass das Lernen im Mathematikunterricht nur mit gezielter sprachlicher Unterstützung möglich ist. Sprache darf nicht zu einem Lernhemmnis werden. Im Mathematikunterricht muss parallel zu dem fachlichen Lernen ein sprachliches Gerüst, also strukturierter sprachlicher Input, bereitgestellt werden.
Die Fördermaterialien in diesem Band helfen Ihnen dabei, diese anspruchsvolle Aufgabe umzusetzen. Nachdem Sie anhand der Sprachprofilanalyse festgestellt haben, wo die einzelnen Kinder in der Klasse sprachlich stehen, unterstützen Sie die Fördermaterialien bei der Ableitung wirkungsvoller Fördermaßnahmen und einer Unterrichts- und Textgestaltung, die an den Sprachstand der Kinder angepasst ist. So können Sie alle Kinder erreichen und einbeziehen. Die einsatzbereiten, auf die einzelnen Förderhorizonte zugeschnittenen Materialien führen die SuS zum Erreichen der nächsten Profilstufe.

Die Förderbausteine dieses Bandes lassen sich lehrwerksunabhängig einsetzen. Typische Sach- und Textaufgaben wurden exemplarisch sprachförderlich aufbereitet, dem jeweiligen Sprachprofil der SuS angepasst. Der Schwerpunkt der Förderbausteine liegt auf dem sprachlichen Aspekt. Sie finden zu jedem Thema eine Übersicht über den relevanten Wortschatz. Die Bedeutungsinterferenzen zwischen Fach- und Alltagssprache werden ebenfalls erklärt und wichtige Redemittel, die in dem Band als Phrasen bezeichnet werden, bereitgestellt. Sie finden sprachlich vierfach differenzierte Materialien, die es Ihnen ermöglichen, Text- und Sachaufgaben für alle Kinder anzubieten und allen Kindern durch sprachliche Unterstützungssysteme sprachliches und inhaltliches Lernen gleichermaßen zu ermöglichen.

Sprachförderung in den Unterricht integrieren

Nicht zuletzt bieten Ihnen die Förderbausteine in diesem Band viele Beispiele, wie Sie Ihre Kinder generell sprachförderlich unterstützen können. Die Beispiele für sprachstandsbezogene Aufgabengestaltung, Aufgabenformulierung, methodische Unterstützung und sprachförderliches Verhalten der Lehrkraft lassen sich problemlos auf weitere Themenfelder übertragen.

Ziel der Förderung ist, dass die Kinder durch passgenaue sprachliche Förderung fach- und bildungssprachliche Kompetenzen erwerben und dadurch an einem Bereich des Mathematikunterrichts partizipieren, der ihnen aus sprachlichen Gründen oft versperrt bleibt.

Wie kann mit den Förderbausteinen gearbeitet werden?

Die ersten vier Förderbausteine richten sich an die Klassen 1 und 2, die folgenden vier Förderbausteine an die Klassen 3 und 4. Sie finden typische Textaufgaben aus verschiedenen Inhaltsfeldern des Mathematikunterrichts.

Alle Förderbausteine haben die gleiche Struktur. In einer kurzen Einführung werden die sprachlichen Anforderungen des Themas betrachtet. Der notwendige Wortschatz, wichtige Phrasen und Bedeutungsinterferenzen folgen. Anhand einer Tabelle erhalten Sie eine Übersicht über Art und Inhalt der Förderangebote. Zusätzlich sehen Sie, in welchen Sozialformen die Angebote durchgeführt werden können und welche Fördermaterialien (Kopiervorlagen) jeweils dazugehören.

Aufbau der Förderbausteine

Im Anschluss werden die einzelnen Förderangebote ausführlich dargestellt. Die Förderangebote beziehen sich auf die gesamte Lerngruppe oder sind den vier Förderhorizonten zugeordnet. Sie erfahren, welches Material zur Durchführung des Angebots benötigt wird und welche Vorbereitungen zu treffen sind. Eine genaue Beschreibung zur Durchführung des Angebots schließt sich an. Hier finden Sie Hinweise zum schrittweisen Vorgehen, Beispiele für die Gestaltung von Unterrichtsgesprächen in Form konkreter Fragestellungen oder Impulse sowie Anregungen zum Umgang mit Schüleräußerungen. Einige Bausteine schließen mit Tipps und Ideen zur Weiterarbeit oder Varianten der Unterrichtsgestaltung ab.

Die Förderbausteine sind modular aufgebaut:

- Auf der Basis der verschiedenen Förderangebote für die gesamte Lerngruppe und die einzelnen Förderhorizonte sowie den Lernvoraussetzungen Ihrer SuS können Sie eine Unterrichtssequenz planen, die sich eng am Förderbaustein orientiert. Die Verteilung der Förderangebote nehmen Sie selbst auf der Grundlage Ihrer individuellen Klassensituation vor. Da der Zeitbedarf für die einzelnen Angebote stark von den Voraussetzungen in Ihrer Klasse abhängt, finden Sie hierzu keine Aussagen im Text. In der Regel wird für die Durchführung der einzelnen Sequenzen jedoch nicht mehr als eine Unterrichtsstunde benötigt.

die Förderbausteine vielfältig nutzen

- Zur Ergänzung des durch Ihre Lehrwerke oder als Curriculum Ihrer Schule vorgegebenen Unterrichtsangebots können Sie die dazu passenden Text- und Sachaufgaben auswählen und einsetzen.

- Auch zur Planung additiver Förderangebote können Sie auf die Förderangebote zurückgreifen.

- Die vorliegenden Materialien sind ideal für die in den Regelunterricht eingebettete Sprachförderung in sprachheterogenen Lerngruppen geeignet, bieten selbstverständlich aber auch Material für die Gestaltung von DaZ-Fördergruppen, die eher homogen zusammengesetzt sind.

- Zu jedem Förderbaustein finden Sie ein vierfaches Differenzierungsangebot. Aus den Vorschlägen wählen Sie diejenigen aus, die für das sprachliche Profil Ihrer Lerngruppe geeignet sind. Beachten Sie dabei, dass die Angebote sowohl zum Aufbau neuer Strukturen (Förderhorizont-Orientierung), aber auch zur Festigung bereits erworbener Strukturen eingesetzt werden können. Das heißt also, dass ein Förderangebot für Förderhorizont 2
a) für Kinder sinnvoll sein kann, die die Profilstufe 1 erreicht haben und nun auf dem Weg sind, Strukturen zu erwerben, die die Profilstufe 2 kennzeichnen und
b) zur Festigung bereits erworbener Strukturen auch für Kinder sinnvoll sein kann, die die Profilstufe 2 schon erreicht haben. Auch wenn Sie also in einer Lerngruppe mit Kindern aller Förderhorizonte unterrichten, haben Sie so eine gewisse Flexibilität bei der Einteilung der Teilgruppen – je nach Anzahl der Kinder, den räumlichen Voraussetzungen, der Möglichkeit der Doppelbesetzung usw.

- Auch in (individualisierte) Tages- oder Wochenpläne oder Freiarbeitsphasen können einige der Förderangebote integriert werden.

ZAHLEN UND OPERATIONEN
Schneewittchen

Von Beginn an verfolgt ein zeitgemäßer Mathematikunterricht die Förderung vielfältiger mathematischer Kompetenzen, um die SuS auf die lebenslange Auseinandersetzung mit mathematischen Anforderungen vorzubereiten. Unter mathematischer Bildung werden nicht nur Kenntnisse und Fertigkeiten in den traditionellen Sachgebieten des Mathematikunterrichts verstanden, sondern vor allem auch die Fähigkeit, diese Kenntnisse und Fertigkeiten anzuwenden und über sie zu kommunizieren.

Ausgehend von den Alltagserfahrungen der Kinder wird dies schon im ersten Schuljahr zum Beispiel in Form von Sachbildaufgaben angebahnt. Die wesentlichen Informationen werden hier durch ein Bild gegeben. In der Regel handelt es sich um die Darstellung einer komplexen Situation, deren Bearbeitung ein umfassendes Situationswissen verlangt. Der Umgang mit Sachbildaufgaben erfordert das Suchen nach geeigneten Verknüpfungen mit Rechenoperationen und sinnvollen Darstellungen des mathematischen Hintergrunds.

Der Einsatz von Sachbildaufgaben scheint im Anfangsunterricht besonders gut geeignet zu sein, da die SuS noch nicht lesen und schreiben können müssen, um sie bearbeiten zu können. Dennoch stellen auch Sachbildaufgaben hohe sprachliche Anforderungen an die Kinder. Um über die bildlich dargestellte Situation kommunizieren und sie mathematisch modellieren zu können, muss den Kindern zum einen der mathematische Fachwortschatz, aber auch der Wortschatz des Kontextes, in den die mathematischen Inhalte eingebettet sind, zur Verfügung stehen. Besonders für Kinder nichtdeutscher Herkunftssprache ist das häufig eine große Hürde. Doch die Schlussfolgerung, diesen Bereich des Mathematikunterrichts aus sprachlichen Gründen für diese Kinder zunächst auszusparen, würde die Weichen falsch stellen. Vielmehr bieten solche Aufgabenformate neben der Förderung ihrer mathematischen Fähigkeiten gleichzeitig viele Gelegenheiten, die sprachlichen Fähigkeiten der SuS zu fördern und zu erweitern.

Das vorliegende Sachbild regt dazu an, Mathematik in Umweltsituationen zu erkennen, indem es hier – exemplarisch für andere Situationen – Zerlegungen von Mengen zu entdecken gibt, die in die Sprache der Mathematik übertragen werden. Die Fähigkeit, Mengen vielfältig gliedern und strukturieren zu können, bildet die Grundlage für das Addieren, Subtrahieren und Ergänzen. Die Vereinheitlichung zweier Teilmengen wird in der Sprache der Mathematik durch das Plus-Zeichen ausgedrückt.

Die Beschäftigung mit Sachbildaufgaben zur Zahlzerlegung setzt die Fähigkeit voraus, Anzahlen bestimmen und durch Zahlen darstellen zu können, sowie die Bekanntheit des Plus-Zeichens. Bevor die SuS die Zerlegungsaufgaben zum Sachbild lösen und versprachlichen, sollten ihnen ihrem Förderhorizont entsprechend passende Redemittel zur Verfügung gestellt werden, damit sich vor allem auch die sprachschwächeren Kinder an der Kommunikation über mathematische Entdeckungen beteiligen und diese in die Sprache der Mathematik übertragen können. Kinder auf den oberen Profilstufen werden im Gebrauch komplexer Strukturen gefördert.

Überblick über die Förderangebote

GESAMTE LERNGRUPPE

- Einführung/Sicherung des relevanten Wortschatzes
- Gebrauch von passenden Redemustern und Phrasen
- Die Geschichte von Schneewittchen und den sieben Zwergen (vereinfacht)
- Zahlzerlegung: Schneewittchen und die sieben Zwerge

KV 1 Schneewittchen und die sieben Zwerge oder

KV 2 Die Geschichte von Schneewittchen und den sieben Zwergen

FÖRDERHORIZONT 1

- Sicherung des relevanten Wortschatzes/Pluralformen
- Satzmuster: „Das sind …"

Minigeschichten erzählen I

KV 3 Zwergenpaare

KV 1 Schneewittchen und die sieben Zwerge

FÖRDERHORIZONT 2

- Sicherung des relevanten Wortschatzes
- Satzklammer mit „haben" und „können"

Minigeschichten erzählen II

KV 1 Schneewittchen und die sieben Zwerge

FÖRDERHORIZONT 3

- Sicherung des relevanten Wortschatzes
- Sätze mit Inversion

Minigeschichten erzählen III

KV 1 Schneewittchen und die sieben Zwerge

FÖRDERHORIZONT 4

- Sicherung des relevanten Wortschatzes
- Gebrauch von Nebensätzen
- Gebrauch des Indefinitpronomens „es"

Minigeschichten erzählen IV

KV 1 Schneewittchen und die sieben Zwerge

Wortschatz

NOMEN der Topf, das Glas, die (Zipfel)Mütze, die Kerze, die Tasche, der Punkt, der Streifen, der Stuhl, das Kissen, der Teller, die Tasse, das Regal, die Katze, der (Kleider)Haken, die Schaufel, der Vogel, der Zwerg, das Haus, das Zwergenhaus, das Schloss, der König, die Königin, der Jäger, der Zauberspiegel, der Wald …

VERBEN finden, zeigen, entdecken, stellen, aufräumen, sitzen, sehen, hängen …

ADJEKTIVE groß, klein, voll, leer, schwarz, weiß, schön

SONSTIGE und, plus, wo?, wie viele? …

PHRASEN Das sind …, Es sind …, Ich schreibe …, Ich zähle …

ANGEBOTE FÜR DIE GESAMTE LERNGRUPPE

Die Geschichte von Schneewittchen und den sieben Zwergen

Schneewittchen ist eine wunderschöne Prinzessin. Schneewittchen lebt mit ihrem Vater, dem König, in einem großen Schloss. Schneewittchens Mutter ist gestorben und der König heiratet eine neue Frau. Die neue Königin will die schönste Frau im ganzen Land sein. Sie ärgert sich sehr über den Zauberspiegel. Der Zauberspiegel sagt, dass Schneewittchen die Schönste im ganzen Land ist. Die Königin schickt den Jäger mit Schneewittchen in den Wald. Er soll Schneewittchen töten. Das macht der Jäger nicht. Schneewittchen findet im Wald ein kleines Häuschen. Dort leben sieben Zwerge. Die Zwerge haben lustige Zipfelmützen, Taschen und Schaufeln. Schneewittchen darf bei den sieben Zwergen leben. Im Haus ist alles klein: Die Stühle sind klein, die Kissen sind klein, die Kleiderhaken sind klein, auch die Katzen und Vögel sind klein. Schneewittchen macht Essen für die sieben Zwerge und räumt auf. Sie räumt die Zipfelmützen auf. Sie stellt die Tassen in das Regal. Sie stellt Kerzen und Blumen auf den Tisch. Sie stellt Teller auf den Tisch. Sie stellt Gläser auf den Tisch. Zum Schluss stellt sie die großen Töpfe und die kleinen Töpfe auf den Tisch.

MATERIAL/VORBEREITUNG vergrößertes Bild von KV 1, vergrößerte Märchenbilder von KV 2. Die Lehrkraft sollte sich das Märchen so einprägen, dass sie es frei erzählen kann.

DURCHFÜHRUNG Die Lehrkraft erzählt den Kindern die (vereinfachte) Geschichte von Schneewittchen und den sieben Zwergen und zeigt ihnen die zu den Szenen pas-

senden Bilder. Dabei achtet sie darauf, die Kinder an der Erzählung zu beteiligen, indem sie
- beim Erzählen, Stimme, Mimik und Gestik variiert,
- auf die Reaktionen der Kinder achtet,
- Passagen wiederholt, wenn sie den Eindruck hat, dass Kinder der Geschichte nicht mehr folgen können,
- unbekannte Schlüsselwörter (auch mit Hilfe der Bildkarten) klärt (z. B. schön sein, Prinzessin, König, Königin, Schloss, Zauberspiegel …),
- Fragen zu bestimmten Passagen und besonders zum letzten Bild stellt.

Zur Unterstützung der Kinder auf den unteren Förderhorizonten werden dabei verstärkt die Bildkarten und besonders das Bild von KV 1 herangezogen.

Beispiele für einfache Fragen und Impulse (Förderhorizont 1 und 2):
„Wer ist das?/Was ist das?"
„Wo liegen die Kissen?"
„Zeig mir die Zipfelmützen!"
„Ist der Topf groß oder klein?"

Beispiele für anspruchsvollere Fragen und Impulse (Förderhorizont 3 und 4):
„Warum ärgert sich die Königin so sehr?"
„Warum darf Schneewittchen nicht im Schloss bleiben?"
„Wie sieht es im Zwergenhaus aus?"
„Was macht Schneewittchen im Zwergenhaus?"

TIPPS FÜR DIE WEITERARBEIT Das für den mathematischen Kontext stark vereinfachte Märchen von „Schneewittchen und den sieben Zwergen" kann in der Sprachförderung nochmals in einer Langversion aufgegriffen werden. Damit alle Kinder dem Märchen folgen können, empfiehlt es sich, das Märchen interaktiv zu erzählen und die Handlung gemeinsam mit den Kindern zu entwickeln.

> Um sich an Gesprächen über Sachbilder beteiligen zu können, müssen die Kinder über den grundlegenden **Wortschatz zum Thema** verfügen. Das bedeutet, dass zunächst sichergestellt werden muss, dass alle Kinder die Begriffe zur Bezeichnung der auf dem Bild dargestellten Gegenstände, Tiere oder Personen kennen. Dies gilt auch für die Adjektive, die notwendig sind, um die Teilmengen (große Töpfe, kleine Töpfe; volle Gläser, leere Gläser) voneinander unterscheiden zu können.

Zahlzerlegung: Schneewittchen und die sieben Zwerge ♀ oder ♀♀

MATERIAL/VORBEREITUNG Folie von KV 1 ziehen, Folienstifte, OHP, KV 1

DURCHFÜHRUNG Die Lehrkraft demonstriert am Tageslichtprojektor den nachfolgenden Arbeitsauftrag, indem sie die einzelnen Arbeitsschritte durchführt und ihre Tätigkeiten versprachlicht:

„Ich zähle die Töpfe. Eins, zwei, drei, vier, fünf, sechs."
„Ich schreibe „6" in das Kästchen."
„Das sind 3 große Töpfe, das sind 3 kleine Töpfe."
„Ich schreibe 3 plus 3 auf die Linie."

Nach der Sicherung des Arbeitsauftrags zählen die Kinder in Einzelarbeit oder mit einem Partner die auf KV 1 angezeigten Dingmengen aus und schreiben die Gesamtzahl und ihre Zerlegung auf. Das Arbeitsblatt bietet die Möglichkeit, Mengen, die noch nicht zerlegt wurden, auszuzählen und dazu durch Ausmalen eigene Zerlegungen (möglicherweise auch in mehr als nur zwei Summanden) zu finden.

Wenn die Kinder mit der Bearbeitung von KV 1 fertig sind, bilden jeweils zwei Tandems eine Kleingruppe und versprachlichen ihre Zerlegungsgeschichten:

„Das sind 9 Blumen. Das sind 5 blaue Blumen und das sind 4 rote Blumen."

Die Lehrkraft unterstützt die Kleingruppen, indem sie sprachschwächeren Kindern Formulierungsbeispiele gibt, die Äußerungen der Kinder aufgreift und modelliert.

TIPPS FÜR DIE WEITERARBEIT Die Kinder malen selbst weitere Sachbildgeschichten und notieren die Zerlegungen dazu. In Kleingruppen stellen sich die Kinder ihre Bilder und Zerlegungsgeschichten vor.

> **Arbeitsanweisungen** zu verstehen, die oftmals aus mehreren Teilen bestehen, stellt besonders für die Kinder auf den unteren Förderhorizonten eine große Herausforderung dar. Daher empfiehlt es sich, Arbeitsanweisungen klar zu strukturieren und deren Umsetzung auch zu demonstrieren. Die **Begleitung der Sprache durch Handlungen** erleichtert den Kindern das Verstehen.
> Kindern mit einem erhöhten Fehlerbewusstsein oder auch sprachschwachen Kindern fällt es leichter, sich in der Kleingruppe zu äußern bzw. sich sprachlich zu erproben. Lösungskontrollen bzw. das Vortragen von Lösungen sollten deshalb nicht immer in der Großgruppe vorgenommen werden.

ANGEBOTE FÜR DIE FÖRDERHORIZONTE 1–4

Den SuS muss der mathematische Fachwortschatz, aber auch der Wortschatz des Kontextes zur Verfügung stehen, damit sie sich am Gespräch über die bildlich dargestellte Situationen beteiligen und sie mathematisch modellieren können. Aus diesem Grund empfiehlt es sich, zur Vorbereitung auf die Gesprächssituation mit den Kindern entsprechendes Wortmaterial, Satz- und Redemuster zu erarbeiten. Wie dies für jeden Förderhorizont geleistet werden kann, zeigen die unten stehenden Förderangebote. Besonders in sprachlich sehr heterogenen Klassen sollte die Lehrkraft diesen Schritt im Vorfeld planen, da sie nicht mehrere Kleingruppen gleichzeitig betreuen kann. Die vorliegenden Förderangebote können beispielsweise sowohl zum Aufbau neuer Strukturen, aber auch zur Festigung bereits erworbener Strukturen eingesetzt werden. So besteht eine gewisse Flexibilität bei der Einteilung der Fördergruppen, indem zum Beispiel das Angebot für Förderhorizont 2
a) sowohl mit Kindern umgesetzt werden kann, die Profilstufe 1 erreicht haben und nun auf dem Weg sind, Strukturen zu erwerben, die Profilstufe 2 kennzeichnen, und
b) zur Festigung bereits erworbener Strukturen mit Kindern umgesetzt werden kann, die die Profilstufe 2 schon erreicht haben.
Die Angebote des Förderbausteins können auch in (individualisierten) Tages- oder Wochenplänen, Lernzeiten oder Freiarbeitsphasen neben anderen Aufgaben zur Zahlzerlegung (Zerlegungen zeichnen oder legen, vorgegebene Zerlegungsaufgaben durch Ausmalen umsetzen …) integriert werden. So kann die Lehrkraft über einen längeren Zeitraum verteilt mit den einzelnen Fördergruppen die Sachbildaufgabe sprachlich vorbereiten.

ANGEBOT FÜR FÖRDERHORIZONT 1

 KV 3 Zwergenpaare

MATERIAL/VORBEREITUNG Es empfiehlt sich, nach dem Kopieren von KV 3 die beiden linken Spalten und die beiden rechten Spalten auf verschiedenfarbige Pappe aufzukleben. Anschließend werden die einzelnen Kärtchen ausgeschnitten.

DURCHFÜHRUNG Bevor die Kinder mit dem Spiel beginnen, bespricht die Lehrkraft mit den Kindern die Bildkarten. Dazu legt sie die jeweils zusammenpassenden Karten (Töpfe, Taschen, Schaufeln …) auf den Tisch und versprachlicht sie.

Beispiele:
„Das sind große Töpfe. Das sind kleine Töpfe."
„Das sind volle Gläser. Das sind leere Gläser."

Anschließend werden die Karten gemischt und an die Kinder verteilt. Der Reihe nach decken die Kinder ihre Karten auf und versprachlichen sie nach dem gegebenen Sprachvorbild. Dabei unterstützt die Lehrkraft die Kinder, indem sie die Äußerungen der Kinder aufgreift und modelliert.

Beispiele:
Kind: „Das ist eine Topf."
Lehrerin: „Genau, das sind große Töpfe."
Kind: „Das sind Katzen, schwarz."
Lehrerin: „Ja, das sind schwarze Katzen."

Danach spielt die Lehrkraft mit den Kindern das Spiel Zwergenpaare. Dazu werden die Kärtchen gemischt und verdeckt ausgelegt. Es geht darum, zwei zusammengehörende Karten zu finden.
Das erste Kind deckt zwei Karten auf und versprachlicht sie wie oben beschrieben. Auch hier greift die Lehrkraft jeweils die Äußerungen der Kinder auf und modelliert sie. Wenn die beiden aufgedeckten Karten zusammenpassen, darf das Kind die Karten vom Spielfeld nehmen und behalten. Das Kind darf dann noch einmal zwei Karten umdrehen. Passen die beiden Karten nicht zusammen, ist das nächste Kind an der Reihe. Das Kind, das am Ende des Spiels die meisten Kartenpaare vom Spielfeld nehmen konnte, hat gewonnen.

TIPPS FÜR DIE WEITERARBEIT Das Zwergenpaare-Spiel kann von den SuS eigenständig erweitert werden, indem sie zusätzliche Bildkärtchen anfertigen. Dazu stellt die Lehrkraft vorbereitete Kärtchen in der passenden Größe und Farbe zur Verfügung. Das Bild von KV 1 kann als Anregung genutzt werden.

💬 Damit sich neue Begriffe nachhaltig im Langzeitgedächtnis verankern können, sind **viele Wiederholungen** nötig. Das Spiel Zwergenpaare bietet einen Anlass, die bereits durch die Geschichte eingeführten Begriffe – dieses Mal im Plural –, zu wiederholen und in einer einfachen Satzstruktur („Das sind …") zu gebrauchen. Es ist nicht zu erwarten, dass den Kindern der Gebrauch der Adjektive an der richtigen Position im Satz, deren korrekte Deklination oder die Pluralbildung bereits gelingt. Vielmehr geht es darum, das Verständnis der Pluralformen und der Adjektive, die zwei Teilgruppen durch oppositionelle Eigenschaften charakterisieren und voneinander unterscheiden, zu fördern. Die Kinder können sich dadurch am Unterrichtsgespräch über die mathematischen Inhalte des Sachbilds beteiligen und dabei die geübten Satzmuster aufgreifen.

💬 Sachbilder werden als Anlass eingesetzt, Rechengeschichten zu erzählen. Alltagssprachliche Formulierungen (z. B. „Es gibt sechs Töpfe: drei große Töpfe und drei kleine Töpfe." Oder: „Ich sehe sechs Töpfe. Hier sind drei große Töpfe und hier sind drei kleine Töpfe.") werden **sukzessive in mathematische Formen überführt** (6; 3 + 3 „drei plus drei"). Die Kinder auf Förderhorizont 1 haben allerdings noch große Schwierigkeiten, ohne Hilfestellung frei zu einem Bild Rechengeschichten zu erzählen bzw. das Dargestellte zu versprachlichen. Aus diesem Grund ist es empfehlenswert, den Kindern zunächst den erforderlichen Wortschatz durch Fragen und Impulse anzubieten und ihnen **einfache Muster vorzugeben**. Gleichzeitig wird so das Verständnis von Fragewörtern gefördert. Da nicht davon ausgegangen werden kann, dass Kinder auf Förderhorizont 1 bereits alle Fragewörter verstehen, ist es ratsam, nur wenige Formen in einem Kontext zu verwenden (z. B. wo, wie viele) und diese nicht zu oft zu wechseln.

Minigeschichten erzählen I 👥

MATERIAL/VORBEREITUNG KV 1 (evtl. vergrößert), bei Bedarf Haftnotizzettel in Pfeilform

DURCHFÜHRUNG Bevor die Lehrkraft die Kinder auffordert, (Rechen)Geschichten zum Sachbild zu erzählen, stellt sie Entdeckeraufgaben zum Bild:
- Wo sind die Töpfe?
- Wo sind die großen Töpfe?
- Wo sind die kleinen Töpfe?
- …
- Wie viele Gläser sind das?
- Wie viele volle Gläser sind das?
- Wie viele leere Gläser sind das?

Die Kinder zeigen auf die jeweiligen Stellen im Bild und beantworten die Fragen zur Anzahl der Dinge. Alternativ kann das Sachbild auch vergrößert werden und die Kinder kleben kleine Haftnotizzettel in Pfeilform auf die jeweilige Stelle.

Anschließend erzählen die Kinder (Rechen)Geschichten zum Bild. Dazu gibt die Lehrkraft zunächst Modelle vor:
„Das sind 6 Töpfe. Drei große Töpfe und drei kleine Töpfe."

Die Lehrkraft unterstützt die SuS, sie greift die Schüleräußerungen auf und modelliert und expandiert sie.

Beispiel:
Lehrkraft: „Wie viele Gläser sind das?"
Kind: „5."
Lehrkraft: „Genau, das sind 5 Gläser."

ANGEBOT FÜR FÖRDERHORIZONT 2

Minigeschichten erzählen II 👥

MATERIAL/VORBEREITUNG KV 1

DURCHFÜHRUNG Bevor die Lehrkraft die Kinder auffordert, (Rechen)Geschichten zum Sachbild zu erzählen, stellt sie Entdeckeraufgaben zum Bild:
- Hast du die Töpfe entdeckt? Kannst du sie mir zeigen?
- Kannst du die leeren Gläser entdecken? Wo sind sie?
- Wer kann mir die Zipfelmützen zeigen?
- Wie viele Kerzen kannst du auf dem Bild finden?
- Wie viele Teller hast du entdeckt?

Die Kinder zeigen auf die jeweiligen Stellen im Bild und beantworten die Fragen zur Anzahl der Dinge. Die Lehrkraft ermuntert die SuS zum Aufgreifen der angebotenen Äußerungen, indem sie die möglichen Einwortantworten der SuS aufgreift und expandiert.

Beispiel:
Lehrkraft: „Wie viele Teller hast du entdeckt?"
Kind: „Acht."
Lehrkraft: „Das stimmt. Ich habe auch acht Teller entdeckt."

Anschließend erzählen die Kinder (Rechen)Geschichten zum Bild. Dazu gibt die Lehrkraft zunächst Modelle vor:
„Ich habe sechs Töpfe entdeckt. Drei große Töpfe und drei kleine Töpfe."

Die Lehrkraft unterstützt die SuS, sie greift die Schüleräußerungen auf und modelliert sie.

💬 Auch Kinder auf Förderhorizont 2 brauchen noch Unterstützung beim Erzählen von Rechengeschichten. Die Entdeckeraufgaben zur Vorbereitung auf das selbstständige Formulieren von Rechengeschichten beinhalten **Klammerstrukturen (Modalklammer)**, die Kindern auf diesem Förderhorizont gehäuft angeboten werden sollten, damit ihnen der Erwerb der Satzklammer erleichtert wird. Die Fähigkeit, Klammerstrukturen zu verstehen und zu gebrauchen, ist für den Mathematikunterricht grundlegend. Fragen zum Aufgabenverständnis oder zu Lösungswegen werden z. B. oft im Perfekt gestellt („Wie hast du gerechnet?"). Auch in Arbeitsanweisungen finden sich sehr häufig Klammerstrukturen im Zusammenhang mit zweiteiligen Verben („Ich schreibe die Zahl auf. Ich kreise die Zahl ein." …).

ANGEBOT FÜR FÖRDERHORIZONT 3

Minigeschichten erzählen III 👥

MATERIAL/VORBEREITUNG KV 1

DURCHFÜHRUNG Die Lehrkraft ermuntert die Kinder, zu den Situationen auf dem Sachbild kleine Rechengeschichten zu erzählen. Sie lenkt das Unterrichtsgespräch durch Fragen und Impulse und achtet darauf, dass die Kinder beim Erzählen ihrer Geschichten auch Zahlen verwenden.
- Was siehst du hier?
- Was passiert hier?
- Was denkst du, wie geht es weiter?
- Findest du die Vögel? Wo sitzen sie?
- Was hat Schneewittchen zuerst auf den Tisch gestellt, was dann?
- Wie viele volle Gläser siehst du hier und wie viele leere Gläser?

Beispiel für ein Modell, das die Lehrkraft den SuS vorgeben kann:
„Die Zwerge sind bestimmt schon nach Hause gekommen. Zuerst haben sie ihre Schaufeln weggestellt und dann haben sie ihre Zipfelmützen aufgehängt. Hier hängen drei große Zipfelmützen und hier hängen vier kleine Zipfelmützen."

Die Lehrkraft unterstützt die SuS, sie greift die Schüleräußerungen auf und modelliert sie.

💬 Die Sprachförderung für Kinder auf Förderhorizont 3 fokussiert sich auf den Erwerb der Inversionsstellung. Damit verbunden ist die Erweiterung der Erzählfähigkeit. Sätze mit Inversionsstruktur ermöglichen die **satzübergreifende Verkettung von Handlungen**. Zur Versprachlichung von mathematischen Prozessen ist die Fähigkeit, Handlungen miteinander verketten zu können, wesentlich („Zuerst lege ich zwei Plättchen hin und dann lege ich noch zwei Plättchen dazu."). Die Fragen und Impulse für Kinder auf Förderhorizont 3 erfordern deshalb den Gebrauch von Adverbien, deren Stellung am Satzanfang dazu führt, dass das Subjekt hinter dem Verb platziert werden muss.

ANGEBOT FÜR FÖRDERHORIZONT 4

Minigeschichten erzählen IV

MATERIAL/VORBEREITUNG KV 1

DURCHFÜHRUNG Die Lehrkraft ermuntert die Kinder, zu den Situationen auf dem Sachbild kleine Rechengeschichten zu erzählen. Sie lenkt das Unterrichtsgespräch durch Fragen und Impulse und achtet darauf, dass die Kinder beim Erzählen ihrer Geschichten auch Zahlen verwenden.
- Was siehst du hier?
- Was passiert hier?
- Was denkst du? Warum stehen auf dem Tisch volle und leere Gläser?
- Wie viele Töpfe sind es?
- Wie viele schwarze und wie viele weiße Kissen sind es?
- …

Beispiel für ein Modell, das die Lehrkraft den SuS vorgeben kann:
„Ich glaube, dass die Zwerge schon von der Arbeit nach Hause gekommen sind. Die Zipfelmützen hängen schon an den Haken. Es sind drei große Zipfelmützen und vier kleine Zipfelmützen."

Die Lehrkraft unterstützt die SuS, sie greift die Schüleräußerungen auf und modelliert sie.

> Die Fragen fordern die Kinder zur **Bildung von Nebensätzen** heraus. Mit Hilfe von Nebensätzen und Konjunktionen können z. B. kausale Zusammenhänge oder Bedingungen formuliert werden – beides Strukturen, die Voraussetzung sind, um über mathematische Zusammenhänge kommunizieren zu können („Wenn ich die erste Zahl mit …. addiere, dann …"). Auch **entpersonalisierte Formen** sind beim Aufbau der mathematischen Fachsprache zunehmend wichtig („Es sind …"), bereiten aber im Verständnis besondere Schwierigkeiten, da sie mehrere Bedeutung haben können („es" als Personalpronomen oder als Indefinitpronomen). Ihr Gebrauch in typischen Verwendungskontexten wird daher in der Förderung besonders beachtet.

Schneewittchen und die sieben Zwerge

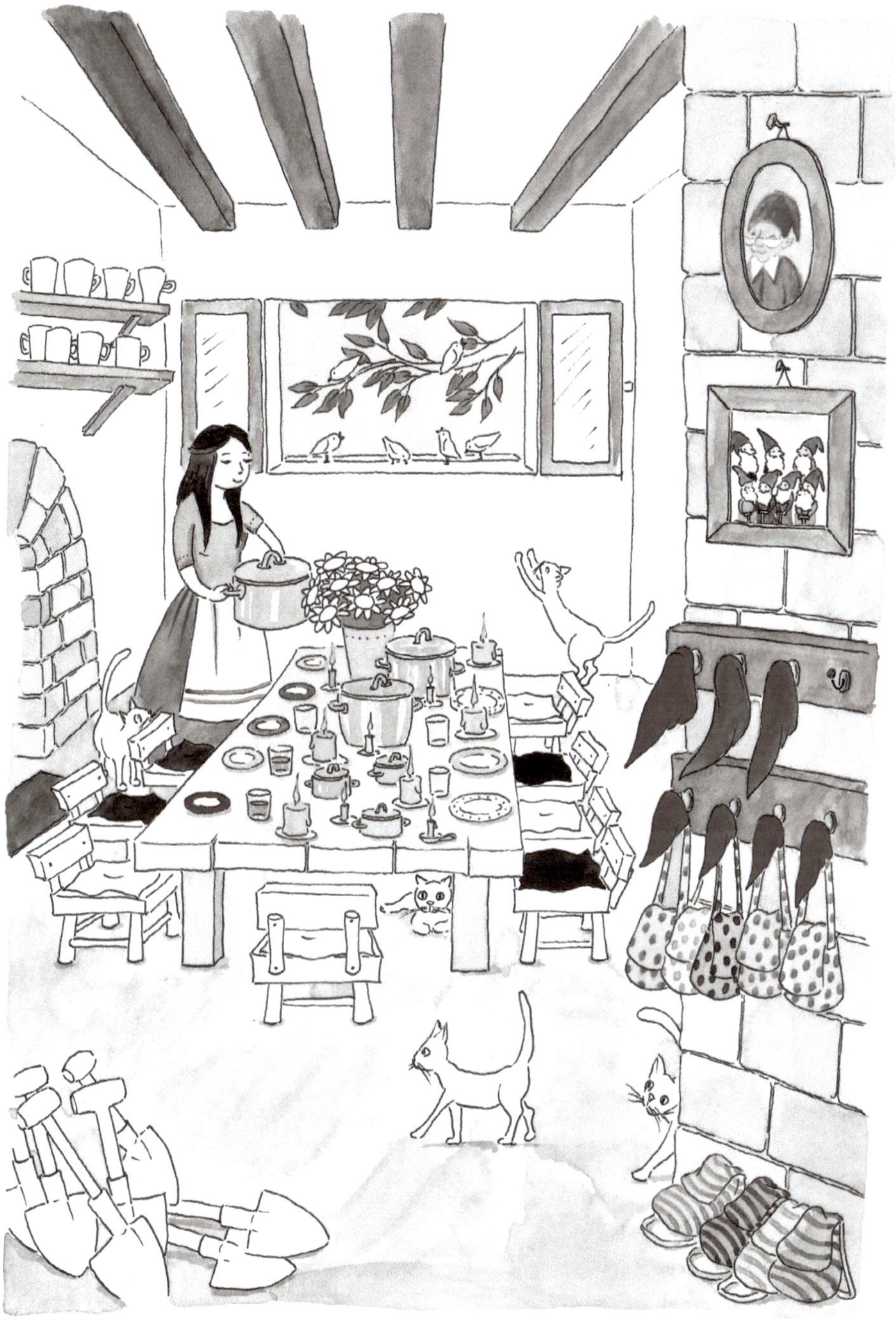

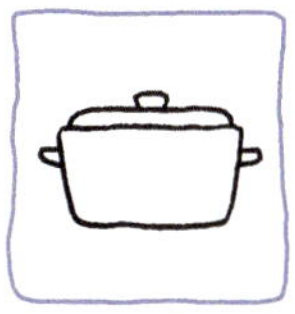

6

3 + 3 = 6

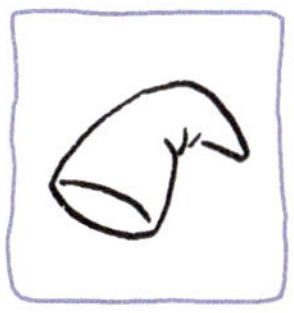

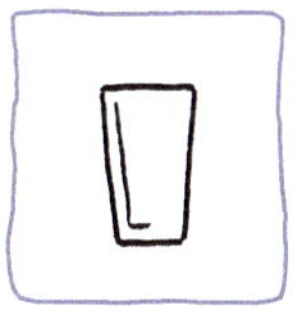

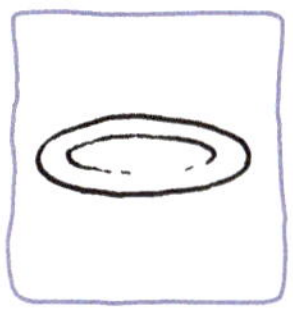

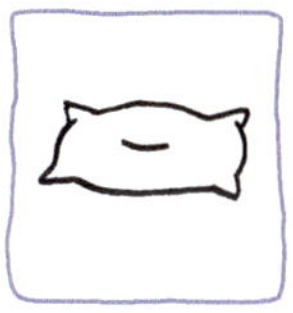

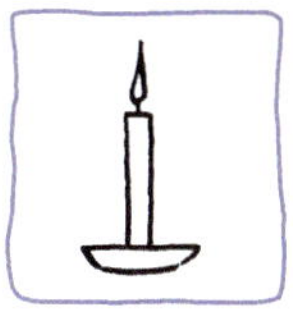

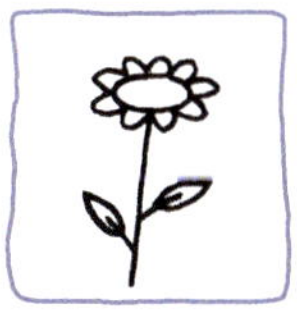

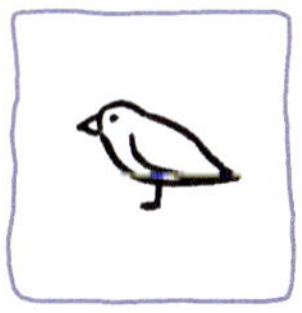

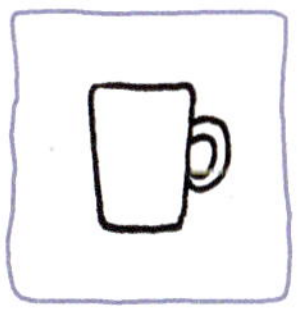

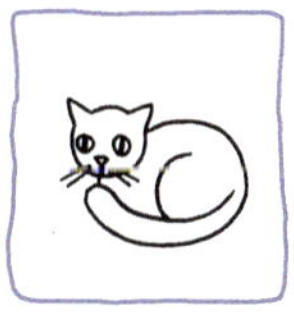

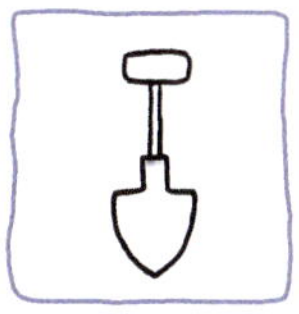

Sprachförderung PLUS Mathematik – Text- und Sachaufgaben
Förderbausteine für den Sofortеinsatz im Mathematikunterricht
ISBN 978-3-12-666805-7

Die Geschichte von Schneewittchen und den sieben Zwergen

Zwergenpaare

RAUM UND FORM
Vom kleinen Quadrat – eine Faltgeschichte

Neben den klassischen Textaufgaben gewinnen Instruktionstexte in einem zeitgemäßen Mathematikunterricht zunehmend an Bedeutung. Dazu gehören fachliche Arbeitsaufträge und mündlich oder schriftlich gegebene Anleitungen zum Nachvollzug, Entdecken oder Anwenden mathematischer Phänomene oder Verfahren (z. B. „Nimm einen Papierstreifen von genau 28 cm Länge. Teile ihn in 4 gleiche Teile. Bestimme, wie lang jedes Teil ist. Rechne und miss nach.").

Oftmals handelt es sich um motivierende und handlungsorientierte Aufgabenstellungen, die jedoch aus sprachlicher Sicht schon für muttersprachliche SuS eine Herausforderung darstellen. Umso mehr scheitern Kinder nichtdeutscher Herkunftssprache an diesem Aufgabenformat.

Mathematische Instruktionstexte sind durch eine hohe Informationsdichte und wenige Redundanzen gekennzeichnet. In der Regel beinhalten sie viele Fachbegriffe (z. B. „Zentimeter", „cm") und bildungssprachliche Ausdrücke (z. B. „bestimme"), mit denen die Kinder in ihrer Alltagssprache nur äußerst selten konfrontiert werden und die sie noch seltener selbst gebrauchen. Dazu kommt, dass es Bedeutungsinterferenzen geben kann, wenn alltagssprachliche Begriffe im fachlichen Kontext gebraucht werden (z. B. „teilen": Mathematisch gesehen bedeutet teilen, das Teilen in gleich große Mengen, während im umgangssprachlichen Gebrauch auch von teilen gesprochen wird, wenn ein Kind z. B. zwei von zehn Bonbons an ein anderes Kind abgibt.). Der Erwerb der Bildungs- und mathematischen Fachsprache muss demnach im Fachunterricht gefördert werden.

Ebenfalls typisch für Arbeitsanweisungen und Instruktionstexte ist ihre knappe Formulierung im Imperativ (z. B. „nimm", „miss"). Imperativformen unterscheiden sich häufig sehr von den Grundformen der Verben (z. B. „nehmen – nimm") und sind daher oft kaum wiedererkennbar. Oftmals werden solche Instruktionen auch inhaltlich nicht verstanden. Das Ausführen einer so knapp formulierten Anweisung setzt eine genaue Vorstellung der durchzuführenden Handlungen und Operationen voraus und die SuS müssen wissen, welche Teilschritte zur Umsetzung der Anweisung notwendig sind (z. B. „Teile ihn in vier gleiche Teile." – „Ich teile (dividiere) 28 cm durch 4." Oder: „Ich rechne aus, wie oft die 4 in die 28 passt." Oder: „Ich falte den Papierstreifen in der Mitte. Dann habe ich zwei Teile. Dann falte ich den Streifen noch einmal in der Mitte. Ich messe, wie lang die Teile sind." …).

Zudem weisen die Imperativsätze eine anspruchsvolle syntaktische Struktur auf, die von den Kindern erst erworben werden muss (Inversionsstellung ohne Subjekt). Die sprachförderliche Umsetzung der Faltgeschichte vom kleinen Quadrat zeigt Möglichkeiten auf, wie zum einen durch die Anpassung von Texten auch Kindern auf den unteren Profilstufen das Verstehen ermöglicht wird. Zum anderen können damit die Fähigkeiten gefördert werden, die Voraussetzung zur Umsetzung eines fachlichen Instruktionstextes sind.

Überblick über die Förderangebote

GESAMTE LERNGRUPPE

- die Geschichte vom kleinen Quadrat kennenlernen
- die Geschichte global verstehen
- Erweiterung und Sicherung des (Fach)Wortschatzes
- Fragen zur Geschichte beantworten

 KV 1, KV 2 Die Geschichte vom kleinen Quadrat

KV 3 Unsere Formenwörter ⚙ oder ⚙⚙

FÖRDERHORIZONT 1

- Festigung des Wortschatzes
- einfache Äußerungen mit finitem Verb verstehen

Mein Faltbuch vom kleinen Quadrat ⚙ und ⚙⚙

 KV 1 Die Geschichte vom kleinen Quadrat ⚙

FÖRDERHORIZONT 2

- Festigung des Wortschatzes
- Perfektsätze verstehen
- mehrteilige Anweisungen verstehen

Mein Faltbuch vom kleinen Quadrat ⚙ und ⚙⚙

 KV 1 Die Geschichte vom kleinen Quadrat ⚙

FÖRDERHORIZONT 3

- Festigung des Wortschatzes
- Sätze mit Inversionsstellung verstehen
- mehrteilige Anweisungen verstehen

Mein Faltbuch vom kleinen Quadrat ⚙ und ⚙⚙

 KV 1 Die Geschichte vom kleinen Quadrat ⚙

FÖRDERHORIZONT 4

- Festigung des Wortschatzes
- Imperativsätze verstehen
- mehrteilige Anweisungen verstehen

Mein Faltbuch vom kleinen Quadrat ⚙ und ⚙⚙

 KV 1 Die Geschichte vom kleinen Quadrat ⚙

Wortschatz

NOMEN das Quadrat, das Dreieck, das Rechteck, der Kreis, die Spitze, die Seite, die Ecke, die Faltlinie, die Mitte, die Mittellinie, der Mittelpunkt, die Form, der Traum, der Zauberer, das Kopftuch, die Freundin, der Freund, die Hexe, der Brief, der Umschlag, die Nacht, die Hütte, die Kleider, der Schnupfen, das Taschentuch, der Schrank, der Umhang, der Wald, der See, das Ruderboot, das Segelboot, die Truhe, der Deckel, der Becher, der Stein, das Buch, das Auge, das Kind, die Freude …

VERBEN spielen, einschlafen, (hin)legen, verzaubern, schenken, schreiben, schicken, lesen, rufen, anziehen, niesen, schauen, laufen, hexen, rufen, klettern, freuen, gehen, stolpern, finden, nachsehen, verstecken, aufmachen, kleben, erwachen, reiben, fragen, träumen, verwandeln, zeigen, nehmen, entgegenkommen, herüberkommen, (auf)klappen, zusammenklappen, ausstreichen, rumdrehen, knicken, (auf)falten …

ADJEKTIVE klein, traurig, langweilig, dünn, rund, spitz, alt, kalt, dunkel, schnell, neu, unheimlich, bunt, verstaubt, wach, rot, gegenüberliegend …

SONSTIGE welche, zusammen, viel, unten, oben, andere, wieder, alle, zuerst, dann, jetzt, zum Schluss …

PHRASEN am nächsten Tag, auf den Weg machen, auf der anderen Seite, in mir stecken …

INTERFERENZEN

die Seite → die Buchseite (Fläche), die andere Seite (gegenüber)
die Ecke → die Zimmerecke, die Leseecke (jew. Flächen)
die Form → die Kuchenform, sportliche Fitness
(aus)streichen → eine Wand streichen

ANGEBOTE FÜR DIE GESAMTE LERNGRUPPE

 KV 1, KV 2 Die Geschichte vom kleinen Quadrat ⚙⚙

MATERIAL/VORBEREITUNG Text von KV 1, vergrößerte Bilder von KV 2, die Lehrkraft sollte sich die Geschichte so gut einprägen, dass sie sie frei erzählen kann.

DURCHFÜHRUNG Die Lehrkraft präsentiert den Kindern die Geschichte vom kleinen Quadrat (KV 1) und zeigt ihnen die zu den einzelnen Szenen passsenden Bilder. Wenn viele Kinder in der Lerngruppe noch geringe Deutschkenntnisse haben (Profilstufen 1 und 2), sollte die Lehrkraft die Geschichte frei erzählen und besonders darauf achten, die Kinder an der Erzählung zu beteiligen, indem sie

- beim Erzählen Stimme, Mimik und Gestik variiert,
- auf die Reaktionen der Kinder achtet,
- Passagen wiederholt, wenn sie den Eindruck hat, dass Kinder der Geschichte nicht mehr folgen können,
- unbekannte Schlüsselwörter z. B. mit Hilfe der Bilder von KV 2 klärt,
- Fragen zu bestimmten Passagen stellt.

Beispiele für einfache Fragen und Impulse (Förderhorizont 1 und 2):
„Ist das kleine Quadrat traurig oder glücklich?"
„Wer schreibt der Hexe einen Brief?"
„Zeig mir die Spitzen vom Dreieck!"
„Ist das ein Umhang oder ein Mantel?"
„Was ist in der Truhe versteckt?"

Beispiele für anspruchsvollere Fragen und Impulse (Förderhorizont 3 und 4):
„Warum ist das kleine Quadrat so traurig?"
„Was wünscht sich das kleine Quadrat vom Zauberer Funkelhut?"
„Warum weiß die Hexe nicht, was sie anziehen soll?"
„Warum hext sich die Hexe ein Ruderboot?"
„Warum freut sich das kleine Quadrat so sehr?"
„Was macht die kleine Hexe am Abend? Wie geht die Geschichte dann weiter?"

> Diese und ähnliche unterstützende Maßnahmen ermöglichen auch Kindern auf den unteren Förderhorizonten zumindest ein **globales Verstehen** der Geschichte. Durch die Interaktion zwischen den Kindern und der Lehrkraft und dem Einsatz von Bildern wird ein sinnstiftender Kontext aufgebaut, der durch den Text allein nicht gegeben wird. Kindern auf den unteren Förderhorizonten sollte die Geschichte frei erzählt werden. **Inszenierte Erzählungen** sind leichter verständlich als vorgelesene Texte: Die in mündlichen Erzählungen bevorzugte Vergangenheitsform – das Perfekt – ist den Kindern vertrauter als das Präteritum und leichter zu erwerben. Mündliche Erzählungen sind redundanter und leichter an die Erzählsituation anzupassen. Wenn es die Unterrichtssituation ermöglicht, kann Kindern auf den höheren Förderhorizonten die Geschichte noch einmal vorgelesen werden, um sie schrittweise an den Stil der geschriebenen Sprache heranzuführen.

KV 3 Unsere Formenwörter ♀ und ♀♀

MATERIAL/VORBEREITUNG KV 3

DURCHFÜHRUNG Im Anschluss an die Herstellung der Faltbücher (siehe unten) werden die wichtigsten Fachbegriffe durch die Bearbeitung von KV 3 gesichert.

VARIATION Die Kinder erstellen Plakate für das Klassenzimmer. Sie kleben die erarbeiteten Formen auf und beschriften sie. Dazu stellt die Lehrkraft das benötigte Wortmaterial an der Tafel zur Verfügung.

TIPPS FÜR DIE WEITERARBEIT Wenn die Kinder über schriftsprachliche Kenntnisse in ihrer Herkunftssprache verfügen, können sie die Wörtersammlung durch die herkunftssprachlichen Bezeichnungen ergänzen. Eventuell können sie diese Aufgabe auch zu Hause mit ihren Eltern bearbeiten. Die Herkunftssprache der Kinder wird dabei in bildungssprachlicher Hinsicht erweitert. Die Plakate bieten die Chance, in der Klasse über verschiedene Sprachen ins Gespräch zu kommen und Wörter in anderen Sprachen kennenzulernen.

> Nachdem die Fachbegriffe im Kontext eingeführt und gebraucht wurden, werden sie nochmals in Form eines **Wortspeichers** sichtbar gemacht. Im Sinne eines Spiralcurriculums kann die Wörtersammlung zu den Formen zu einem späteren Zeitpunkt ergänzt und erweitert werden. Dazu empfiehlt sich das Anlegen eines Wörterordners.

ANGEBOT FÜR FÖRDERHORIZONT 1–4

Mein Faltbuch vom kleinen Quadrat ♀ und ♀♀

MATERIAL/VORBEREITUNG KV 1 entsprechend der Klassenstärke kopieren und die einzelnen Textabschnitte in Streifen schneiden oder auch die Kinder ausschneiden lassen. Für jedes Kind aus 4 Din-A3-Blättern ein 16-seitiges Buch herstellen (z. B. in der Mitte mit der Nähmaschine zusammennähen oder zusammentackern und die einzelnen Seiten nummerieren, dabei das Deckblatt auslassen). Faltquadrate (14 pro Kind) mit etwa 14 cm Kantenlänge, 1 Faltkreis pro Kind (r = 7 cm), Klebstifte, Wachsmalstifte, Buntstifte oder Filzstifte, Materialschälchen für die Aufbewahrung der Textabschnitte und Faltobjekte

DURCHFÜHRUNG Die Lehrkraft stellt mit den Kindern über mehrere Stunden Faltbücher zur Geschichte vom kleinen Quadrat her. Dazu kleben die Kinder die 14 nummerierten Textstreifen jeweils auf die Faltbuchseite mit derselben Nummer. Die Titel- und Rückseite kann von jedem Kind individuell gestaltet werden. Zu jedem Textabschnitt faltet die Lehrkraft mit den Kindern die passenden Objekte, die dann ebenfalls auf die entsprechende Buchseite geklebt werden.

Für die Faltungen benötigen die SuS die Anleitung durch die Lehrkraft, die dem Sprachstand der Kinder angepasst wird. Daher empfiehlt es sich, die Faltungen mit sprachhomogenen Kleingruppen durchzuführen.

Die Gestaltung der Faltbücher bietet viele Möglichkeiten der selbstständigen Weiterarbeit durch die Kinder, sodass alle Kinder am Vorhaben arbeiten können, auch wenn die Lehrkraft gerade mit einer anderen Kleingruppe Faltanleitungen umsetzt.

Die Kinder können zu den Faltobjekten malen und die Buchseiten ausgestalten.

Beispiele:
- Bilder vom Zauberer Funkelhut und der Hexe Wackelzahn malen
- ein Muster auf das Kopftuch, das Taschentuch oder den Umhang malen
- einen Brief schreiben und ihn in den Umschlag stecken
- Kleider in den Kleiderschrank malen
- den See, über den die Hexe rudert, malen

In den Kleingruppen setzt die Lehrkraft gemeinsam mit den Kindern die Faltung der einzelnen Objekte um (Anleitungen siehe unten). Dabei versprachlicht sie ihre Handlungen und gebraucht den relevanten (Fach)Wortschatz:
„Ecke, Seite, Mitte, Spitze, Faltlinie, Mittellinie, längs, diagonal, gegenüber(liegend), falten, knicken, ausstreichen, umdrehen, aufklappen …"

Die Lehrkraft wartet, bis die Kinder den jeweiligen Schritt umgesetzt haben, und hilft ihnen bei Bedarf.

TIPPS FÜR DIE WEITERARBEIT
- Die erstellten Faltbücher können in der Schule ausgestellt werden.
- Die Faltbücher können der Nachbarklasse vorgestellt werden. Dabei erzählen die Kinder gemeinsam die Geschichte vom kleinen Quadrat. Es empfiehlt sich, das Erzählen der Geschichte vorzubereiten und auf mehrere Kinder zu verteilen. Besonders mit Kindern auf Förderhorizont 1 oder 2 sollte der Erzähltext sprachstandsgerecht vorbereitet und geübt werden, um den Kindern die nötige Sicherheit zu geben.
- Die Eltern können zu einem Bastelnachmittag eingeladen werden. Die Kinder zeigen und erklären ihren Eltern die Faltungen und stellen mit ihnen ein weiteres Faltbuch her.

💬 **Handlungsbegleitendes Sprechen** unterstützt den Wortschatzerwerb sowie den Aufbau und die Festigung grammatischer Strukturen. Die Parallelinformationen (Handlung und Versprachlichung) im Kontext helfen dem lernenden Kind, Bedeutungen und Strukturen zu erschließen.

Faltanleitung

zu 3. Kopftuch Das Quadrat entlang der Diagonalen falten.

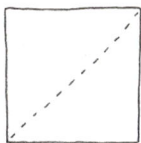 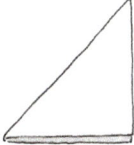

zu 4. Umschlag Beide Diagonalen falten, um den Mittelpunkt zu bestimmen. Dann alle Ecken zum Mittelpunkt falten, eine Ecke wieder aufklappen.

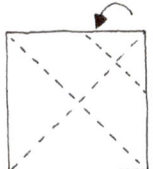 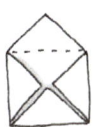

zu 5. Taschentuch Das Quadrat zuerst senkrecht entlang der Mittellinie falten, dann waagerecht entlang der Mittellinie falten.

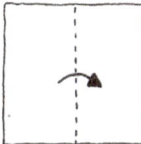 

zu 6. Schrank Das Quadrat senkrecht entlang der Mittellinie falten, dann wieder aufklappen. Die Seitenkanten, die parallel zur Faltlinie liegen, auf die Faltlinie falten.

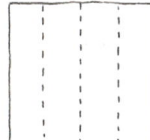 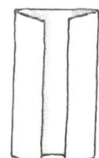

zu 7. Umhang Das Quadrat entlang der Diagonalen falten, die seitlichen Spitzen nach unten falten.

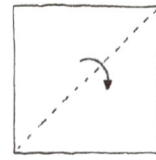 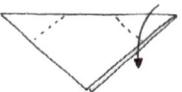 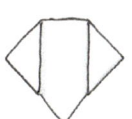

zu 8. Ruderboot Das Quadrat zweimal senkrecht entlang der Mittellinie falten und einmal wieder aufklappen. Die vier Ecken auf die entstandene Faltlinie falten, dann wieder an der Mittellinie zusammenklappen.

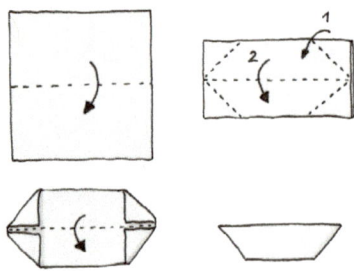

zu 9. Segelboot Das Quadrat entlang der Diagonalen falten, eine seitliche Spitze nach unten falten.

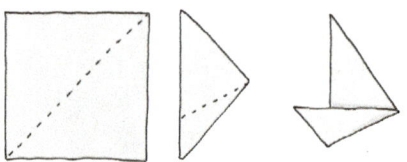

zu 10. Hütte Das Quadrat einmal senkrecht entlang der Mittellinie falten und wieder aufklappen, dann die beiden oberen Ecken auf die Faltlinie falten.

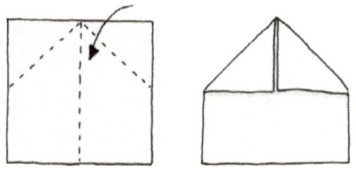

zu 11. Truhe Das Quadrat einmal senkrecht entlang der Mittellinie falten, dann eine der langen Seiten schmal nach innen falten.

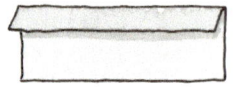

zu 12. Becher Das Quadrat entlang der Diagonalen falten, die seitlichen Spitzen zur jeweils gegenüberliegenden Seite falten, die Spitze öffnen und auf beiden Seiten nach unten falten, sodass der Becher geöffnet werden kann.

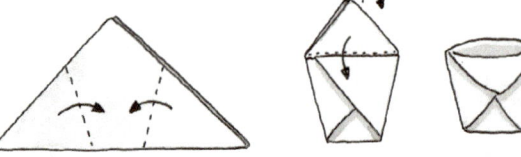

zu 13. Buch Das Quadrat einmal senkrecht entlang der Mittellinie falten.

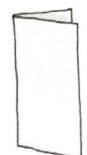

ANGEBOT FÜR FÖRDERHORIZONT 1

Umsetzung der Faltungen mit Kindern auf Förderhorizont 1

Die SuS auf Förderhorizont 1 haben noch große Probleme, komplexere Anweisungen und Instruktionen zu verstehen. Die Lehrkraft achtet darauf, einfache Aussagen zu formulieren.

Beispiele:

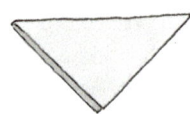

„Ich lege das Quadrat vor mich. Eine Ecke liegt vor meinem Bauch. Ich nehme die Ecke. Ich lege/falte die Ecke auf die gegenüberliegende Ecke. Ich streiche die Faltlinie aus. Das Kopftuch ist fertig."

„Ich lege das Quadrat vor mich. Eine Ecke liegt vor meinem Bauch. Ich nehme die Ecke. Ich lege die Ecke auf die gegenüberliegende Ecke. Ich klappe das Dreieck wieder auf. Ich nehme die andere Ecke. Ich lege die Ecke auf die gegenüberliegende Ecke. Ich klappe das Dreieck wieder auf. Ich nehme die Ecke. Ich lege die Ecke auf den Mittelpunkt. Ich streiche die Faltlinie aus."

VARIATION Zur Förderung anderer Personalformen versprachlicht die Lehrkraft die Handlungen z. B. in der 2. Person Singular oder in der 2. Person Plural.
„Du legst das Quadrat vor dich."
„Ihr legt das Quadrat vor euch."
Wenn die Kinder immer wieder in unterschiedlichen Personalformen angesprochen werden, wird nach und nach deren Verständnis gefördert. Die Lehrkraft sollte zur Verdeutlichung jeweils auf die Kinder zeigen oder die Kindergruppe durch eine Geste umschließen und das jeweilige Pronomen betonen.

> 💬 Durch das Versprachlichen der Faltungen kommt es zu vielen **Wiederholungen relevanter Fachbegriffe**. Die einfache Versprachlichung der einzelnen Faltschritte fördert den Erwerb gebeugter Verbformen in einfachen Äußerungen.

ANGEBOT FÜR FÖRDERHORIZONT 2

Umsetzung der Faltungen mit Kindern auf Förderhorizont 2

Die Lehrkraft passt die Versprachlichung der Faltschritte an die Förderziele für Kinder auf Förderhorizont 2 an, indem sie zunächst die Faltung durchführt und den Arbeitsschritt anschließend verbalisiert.

Beispiele:

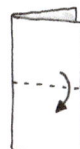

„Ich habe das Quadrat vor mich hingelegt. Ich habe die beiden Ecken genommen und oben auf die Ecken gelegt. Das ist ein Rechteck. Ich habe das Rechteck zusammengeklappt."

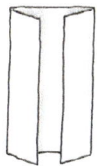

„Ich habe das Quadrat vor mich hingelegt. Ich habe die beiden Ecken genommen und auf die Ecken auf der anderen Seite gelegt. Ich habe das Quadrat wieder aufgeklappt. Ich habe die Seite auf die Mitte geklappt und die Faltlinie ausgestrichen. Ich habe die andere Seite auf die Mitte geklappt und die Faltlinie ausgestrichen."

> Die Versprachlichung der einzelnen Faltschritte im Perfekt fördert den **Erwerb der Verbklammer** und der korrekten Platzierung von gebeugten und ungebeugten Verbteilen. Im Gegensatz zum unmittelbaren, handlungsbegleitenden Sprechen, müssen die Kinder hier zeitlich losgelöst vom Kontext die Versprachlichung der Faltschritte verstehen. Das Verständnis von mehrteiligen Anweisungen und Instruktionen wird trainiert.

ANGEBOT FÜR FÖRDERHORIZONT 3

Umsetzung der Faltungen mit Kindern auf Förderhorizont 3

Die Lehrkraft passt die Versprachlichung der Faltschritte an die Förderziele für Kinder auf Förderhorizont 3 an, indem sie die einzelnen Handlungsschritte chronologisch miteinander verkettet.

Beispiele:

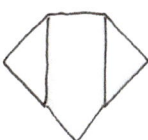

„Zuerst lege ich das Quadrat vor meinen Bauch. Eine Ecke zeigt auf meinen Bauch. Dann nehme ich die obere Ecke und lege sie unten auf die Ecke. Dann nehme ich die Spitze an der Seite und falte sie nach unten. Dann nehme ich die Spitze auf der anderen Seite und klappe sie auch nach unten. Zum Schluss streiche ich alle Faltlinien aus."

„Zuerst lege ich das Quadrat vor meinen Bauch. Dann fasse ich diese beiden Ecken an. Dann lege ich sie auf die gegenüberliegenden Ecken. Dann nehme ich diese beiden Ecken und lege sie wieder auf die gegenüberliegenden Ecken. Jetzt klappe ich den letzten Schritt wieder auf. Dann falte ich alle vier Ecken auf die Mittellinie. Zum Schluss klappe ich das Ruderboot an der Mittellinie zusammen."

VARIATION Zur Förderung anderer Personalformen versprachlicht die Lehrkraft die Handlungen z.B. in der 2. Person Singular oder in der 2. Person Plural, auch Inversionssätze im Perfekt können gefördert werden.
„Zuerst legst du das Quadrat vor dich."
„Zuerst habe ich das Quadrat vor mich gelegt."

> Die **chronologische Verkettung** der einzelnen Faltschritte fördert den Erwerb der Inversionsstellung in Sätzen mit einem einleitenden Zeitadverb. Das Verständnis von mehrteiligen und komplexeren Anweisungen und Instruktionen wird trainiert.

ANGEBOT FÜR FÖRDERHORIZONT 4

Umsetzung der Faltungen mit Kindern auf Förderhorizont 4

Mit den Kindern auf Förderhorizont 4 übt die Lehrkraft das Verständnis von Instruktionen im Imperativ.

Beispiele:

„Lege das Quadrat vor deinen Bauch. Achte darauf, dass eine Ecke auf deinen Bauch zeigt. Nimm die untere Ecke und falte sie auf die obere Ecke. Nimm eine seitliche Spitze und falte sie nach unten."

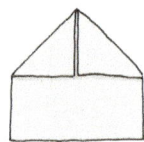

„Lege das Quadrat vor deinen Bauch. Falte die beiden rechten Ecken auf die beiden linken Ecken. Klappe jetzt die letzte Faltung wieder auf. Falte die beiden oberen Ecken auf die Faltlinie."

> Strukturell gesehen sind **Imperativsätze** Sätze mit Inversionsstruktur, wobei jedoch das Subjekt hinter dem Verb im Imperativ meist ausgelassen wird (z. B. „Komm!", „Kommt!" aber „Kommen Sie!"). Auch die Imperativformen bereiten den Kindern oft noch Verständnisschwierigkeiten, da sie sich sehr von der Grundform des Verbs unterscheiden können („nehmen" – „nimm"). Es handelt sich also um eine sehr anspruchsvolle Struktur, die **nachhaltig gefördert** werden sollte – auch bei Kindern, denen beispielsweise die chronologische Verkettung von Äußerungen schon gelingt.

TIPP FÜR DIE WEITERARBEIT Die Geschichte vom kleinen Quadrat ist in vielen Varianten zu finden. Die Lehrkraft kann eine längere Version (z. B. aus dem Internet) mit zusätzlichem Wortschatz und weiteren Faltungsmöglichkeiten im Unterricht verwenden.

Die Geschichte vom kleinen Quadrat

1. Es war einmal ein kleines Quadrat. Das Quadrat war sehr traurig. Niemand wollte mit ihm spielen.

2. Es sagte: „Ich bin nichts Besonderes. Alle meine Seiten sind gleich langweilig. Ich will so dünn sein wie mein Bruder Rechteck oder so rund wie mein Cousin Kreis."

3. „Die Spitzen meiner kleinen Schwester Dreieck sind auch schön. Damit kann man toll spielen." Das kleine Quadrat legte sich hin und schlief ein.
Im Traum kam der Zauberer Funkelhut zum kleinen Quadrat. „Bitte, lieber Zauberer, ich will kein langweiliges Quadrat mehr sein. Bitte verzaubere mich in ein spitzes Dreieck." Da sagte der Zauberer: „Was heißt hier Dreieck? Du sollst ein Kopftuch werden. Das will ich meiner Freundin, der Hexe Wackelzahn, schenken." Und er verzauberte das kleine Quadrat in ein Kopftuch.

4. Dann schrieb der Zauberer einen Brief an die Hexe Wackelzahn. Er schrieb:
Liebe Freundin, bitte komm morgen Nacht zur alten Hütte.
Dein Freund Funkelhut.

   Der Zauberer steckte den Brief in einen Umschlag und schickte ihn der Hexe.

5. Am nächsten Tag las die Hexe den Brief. Sie rief: „Welche Kleider soll ich nur anziehen? Es ist so kalt und ich habe Schnupfen." Die Hexe nieste und holte sich ein Taschentuch.

6. Dann schaute sie in ihren Schrank.

7. Sie fand einen alten Umhang. „Das ist genau das Richtige. Der Umhang hält schön warm", sagte die Hexe.

8 Die Hexe machte sich auf den Weg und lief durch den Wald zum See. Dort hexte sie sich schnell ein Ruderboot.

9 Auf dem See kam ihr der Zauberer Funkelhut in einem Segelboot entgegen. Der Zauberer rief: „Komm zu mir herüber. Mit meinem Segelboot sind wir viel schneller."
Die Hexe kletterte ins Segelboot. Der Zauberer freute sich sehr und schenkte der Hexe Wackelzahn das neue Kopftuch.

10 Auf der anderen Seite kletterten die Hexe und der Zauberer aus dem Segelboot und sie gingen zur alten Hütte. „Uii, ist das dunkel und unheimlich hier", rief die Hexe Wackelzahn.

11 Da stolperte sie über eine alte Truhe. „Schau mal, was ich gefunden habe", rief die Hexe Wackelzahn.
„Lass uns nachsehen, was in der Truhe versteckt ist."

12 Zusammen machten sie den Deckel auf und schauten hinein. Sie fanden einen Becher mit vielen bunten Steinen.

13 Ganz unten in der Truhe lag ein verstaubtes Buch. „Potztausend", rief der Zauberer Funkelhut. Da ist ja ein Zauberquadrat draufgeklebt."

14 Da erwachte das kleine Quadrat aus seinem Traum. Es rieb sich die Augen und fragte: „Bin ich wach oder träume ich? Kann man alles, was ich gesehen habe, aus einem Quadrat falten? Dann steckt das alles auch in mir: das Kopftuch, der Brief, der Schrank, der Umhang, das Ruderboot, das Segelboot, die Hütte, die Truhe, der Becher und das Buch? Nun werde ich ganz sicher Kinder finden, die mit mir spielen und mich in all diese schönen Dinge verwandeln." Das kleine Quadrat wurde ganz rot vor Freude.

Die Geschichte vom kleinen Quadrat

A

B

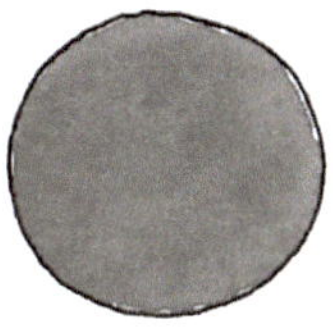
C

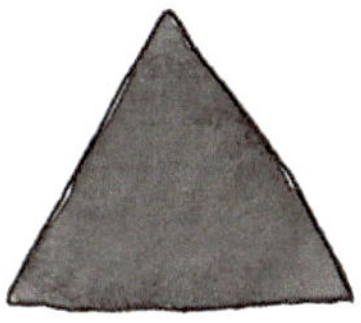
D

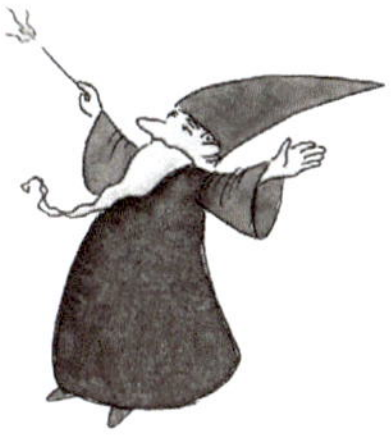
E

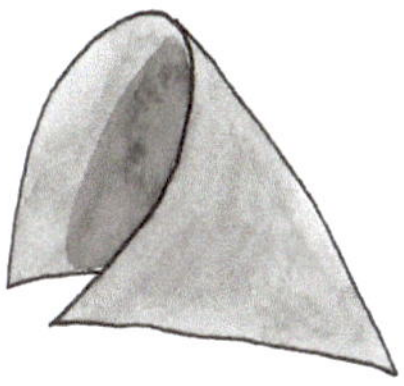
F

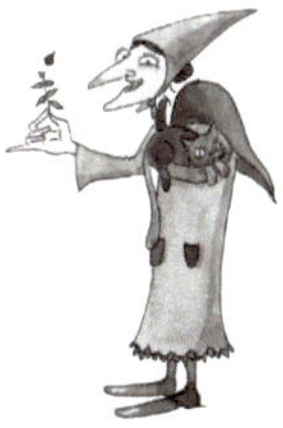
G

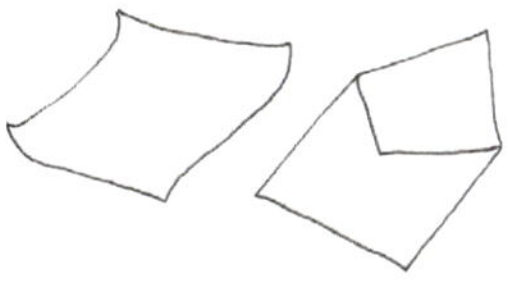
H

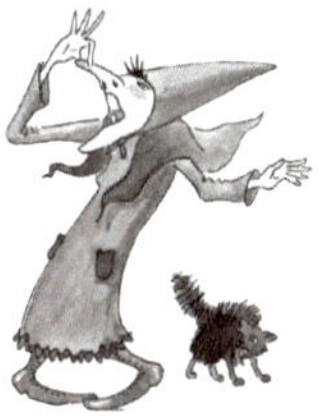
I

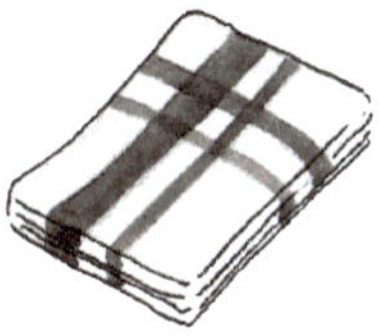
J

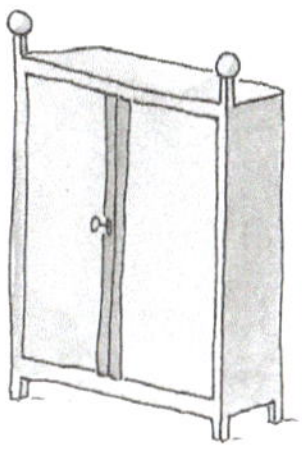
K

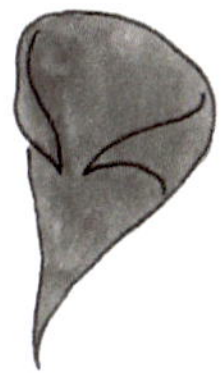
L

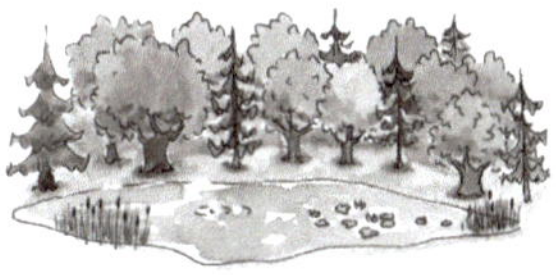
M

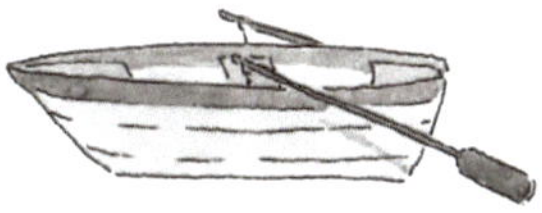
N

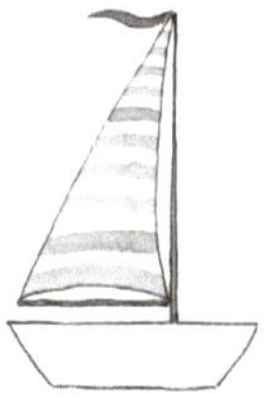
O

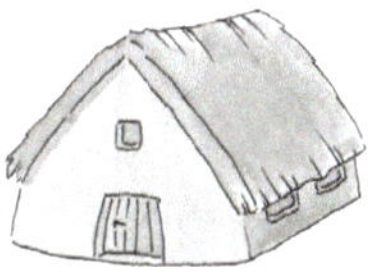
P

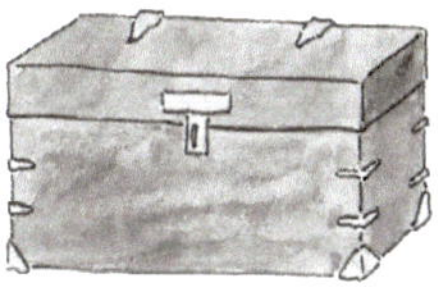
Q

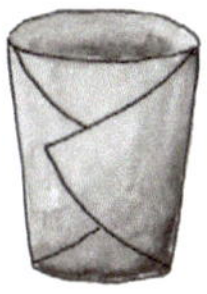
R

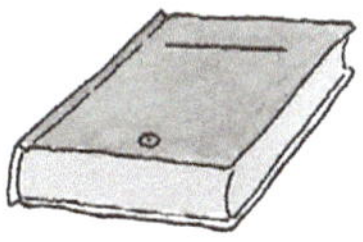
S

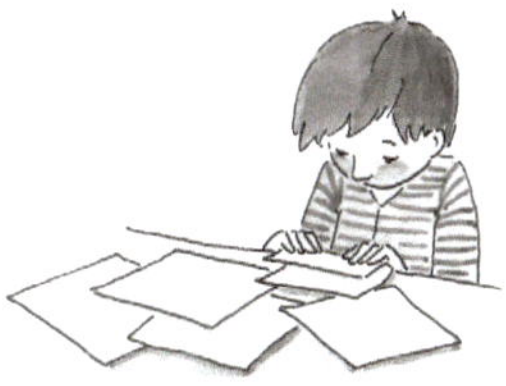
T

ISBN 978-3-12-666805-7

Unsere Formenwörter

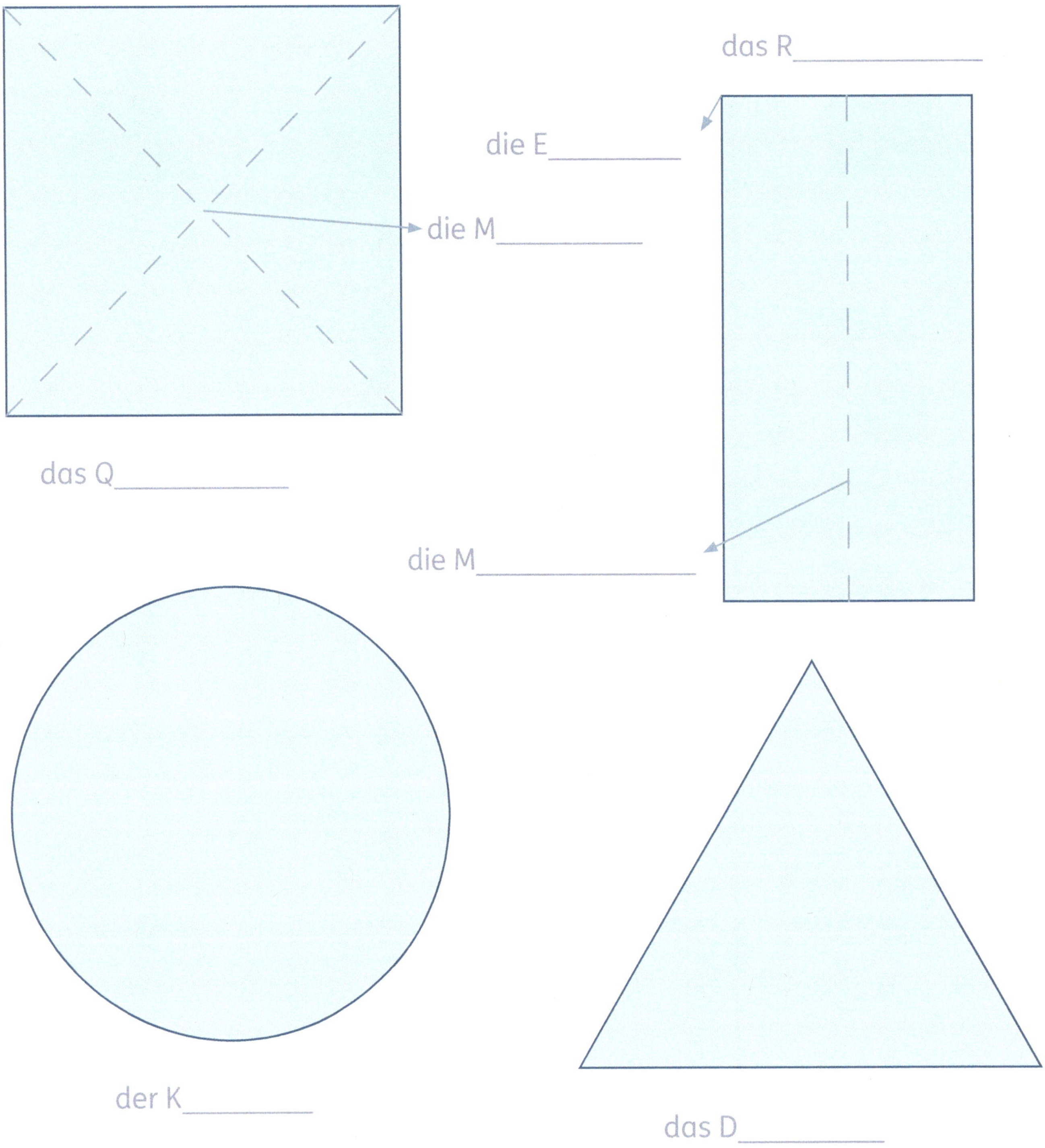

das R_____

die E_____

die M_____

das Q_____

die M_____

der K_____

das D_____

Schneide die Wortkärtchen aus. Klebe sie auf die passende Stelle!

| Dreieck | Ecke | Rechteck | Mitte | Quadrat |

| Kreis | Mittellinie |

GRÖSSEN UND MESSEN
Kinderflohmarkt

Zu den Zielen des Mathematikunterrichts zählen die Entwicklung tragfähiger Größenvorstellungen und Kenntnisse über Geld. Dazu gehört auch die Förderung von Fertigkeiten im Umgang mit Geld und die Bewältigung von Sachproblemen aus der Lebenswirklichkeit der SuS. Kinder wissen, dass man mit Geld Sachen kaufen kann, sind aber noch ungeübt im Einkaufen von Dingen.

Neben arithmetischen Fähigkeiten (z.B. Addieren von Einzelpreisen, um den Gesamtpreis zu ermitteln, oder Subtraktion des Einkaufspreises vom verfügbaren Geldbetrag, um festzustellen, wie viel Geld man zurückbekommt …) sind auch sprachliche Fähigkeiten erforderlich, um Einkaufssituationen im Alltag bewältigen zu können bzw. Sachsituationen mathematisieren und modellieren zu können.

Die Kinder müssen die Dinge, die sie einkaufen wollen, bezeichnen können und auch die Pluralformen der Bezeichnungen kennen.

Um Einkaufgespräche führen zu können, muss ein bestimmtes Vokabular beherrscht werden. Dabei handelt es sich neben typischen Verben und Nomen (kosten, bezahlen, kaufen, Preis, Euro, Restgeld …) auch um Begriffe wie z.B. „jeder/jede/jedes", „noch", „restlich", „zusammen", „genug", die regelmäßig in Verkaufssituationen oder auch in Aufgabenstellungen zu Einkaufssituationen gebraucht werden. Diese Begriffe sind oftmals entscheidend für das Verständnis einer Sachsituation bzw. einer Aufgabe (z.B. „Jeder Ball kostet 2 Euro." – „Ein Ball kostet 2 Euro.") und signalisieren in vielen Fällen auch, welche Rechnung notwendig ist („Wie viel kosten die Spielsachen zusammen?" → Addition).

Zur Übung des relevanten Wortschatzes eignet sich sein Gebrauch im authentischen Kontext. Neben Einkaufsspielen im Klassenzimmer kann die Lehrkraft mit der Klasse auch einen Supermarkt, Bäcker oder Gemüsehändler besuchen, um z.B. für ein Klassenfest einzukaufen.

Überblick über die Förderangebote

GESAMTE LERNGRUPPE

- Einführung des Bezeichnungswortschatzes
- differenzierte Erfassung von Wortbedeutungen (jeder/jede/jedes, kosten, kaufen, bezahlen, zusammen, noch übrig haben, genug)
- Textbearbeitungsstrategien/differenziertes Textverstehen

Erzählen: Kinderflohmarkt

KV 4 Am Kuchenstand und

KV 1 Kinderflohmarkt und oder

FÖRDERHORIZONT 1 UND 2

- Kennenlernen von Pluralformen
- Phrasen in Einkaufssituationen

KV 2 Pluraldomino

KV 3 Rollenspiel: Kinderflohmarkt

FÖRDERHORIZONT 3

- Phrasen in Einkaufssituationen

KV 3 Rollenspiel: Kinderflohmarkt

FÖRDERHORIZONT 4

- Phrasen in Einkaufssituationen

Rollenspiel: Kinderflohmarkt

Wortschatz

NOMEN der Flohmarkt, das Kind, der Junge, das Mädchen, der Ball, das Auto, die Puppe, das Buch, das Fahrrad, der Schlitten, der Wecker, die Gitarre, das Planschbecken, das Kartenspiel, das Zelt, die Barbie, das Springseil, das Tor, der Schuh, der Teddy, der Preis, das Schild, die Tasche, das Portemonnaie/die Geldbörse/der Geldbeutel, das Sparschwein, die Sache, das Geld, der Euro, die Münze, das Kuchenstück, das Brot, der Apfelsaft, die Brezel …

VERBEN kosten, bezahlen, kaufen, nehmen, zurückbekommen, übrig bleiben, dabeihaben, holen, sich für etwas interessieren, können, mögen/möchten, müssen, einkaufen, sparen, können, essen, haben, (aus)reichen …

ADJEKTIVE restlich, übrig …

SONSTIGE wie viel?, was?, jeder, zusammen, denn, hier, nicht, genug, beide, dafür, jeder/jede/jedes, davon, lieber …

PHRASEN Guten Tag!, das restliche Geld, Ich möchte gerne …, Wie viel kostet …?, Ich nehme …, Du bekommst … Euro zurück., Reicht das Geld?, Ich habe … übrig, ein Stück Kuchen …

INTERFERENZEN
nehmen → in die Hand nehmen
(aus)reichen → jemandem etwas reichen

ANGEBOTE FÜR DIE GESAMTE LERNGRUPPE

Erzählen: Kinderflohmarkt

MATERIAL/VORBEREITUNG KV 1 (Bild) als Poster vergrößern oder mit einer Dokumentenkamera präsentieren, Wortkarten mit Artikel (der Ball, das Auto, die Barbie, das Buch, die Puppe, der Schlitten, das Fahrrad, die Gitarre, der Wecker, das Planschbecken, das Kartenspiel, das Zelt, das Fußballtor, das Springseil, die Turnschuhe, der Teddy, das Preisschild) und evtl. mit Pluralformen

DURCHFÜHRUNG Zur Einführung präsentiert die Lehrkraft das Poster „Kinderflohmarkt". Die Kinder erzählen,
– was sie auf dem Bild entdecken,
– wie die Dinge auf dem Poster heißen,
– wie viel die Verkaufsgegenstände auf dem Bild kosten,
– von eigenen Flohmarkterfahrungen.

Die Kinder auf den verschiedenen Förderhorizonten werden sich unterschiedlich äußern können. Während Kinder auf Förderhorizont 1 noch die Bezeichnung einiger Gegenstände auf dem Bild erwerben müssen, können Kinder auf Förderhorizont 2 schon einfache Sätze zum Bild formulieren. Kinder auf Förderhorizont 3 oder 4 berichten vielleicht schon von eigenen Einkaufserfahrungen.
Die Lehrkraft beobachtet die SuS in dieser Phase aufmerksam und unterstützt sie durch entsprechende Impulse. Kindern auf Förderhorizont 1 bietet die Lehrkraft die vorbereiteten Wortkarten zur Zuordnung an.

Beispiele für einfache Fragen und Impulse (Förderhorizont 1 und 2):
„Was ist das?"
„Ist das eine Puppe oder ein Auto?"
„Zeig mir …!"
„Welche Sachen kennst du?"
„Wie viel kostet das Zelt?"
„Wie viel musst du für die Gitarre bezahlen?"

Beispiele für anspruchsvollere Fragen und Impulse (Förderhorizont 3 und 4):
„Welche Sachen hat das Kind mit zum Flohmarkt gebracht?"
„Welche Preise haben die Sachen?"
„Welche Sachen würdest du dir gerne kaufen?"

TIPP FÜR DIE WEITERARBEIT Zur Wiederholung des Wortschatzes kann zum Poster „Ich sehe was, was du nicht siehst …" gespielt werden. Die Lehrkraft führt das Spiel ein, indem sie eine Rätselfrage zum Bild formuliert.
Beispiel: „Ich sehe was, was du nicht siehst und das kostet 17 Euro." Die Kinder erraten, welcher Gegenstand gemeint ist: „Ist es das Zelt?"
Das Kind, das das Rätsel gelöst hat, beginnt das Spiel von vorne.

> Damit die SuS die Aufgaben zur Text-/Bildsituation „Kinderflohmarkt" verstehen und über die dargestellte Situation kommunizieren können, muss der dazu notwendige **Bezeichnungswortschatz** gesichert werden.

KV 4 Am Kuchenstand

MATERIAL/VORBEREITUNG KV 4

DURCHFÜHRUNG Nachdem die Kinder Rollenspiele zu Einkaufssituationen erarbeitet und aufgeführt haben (siehe Förderhorizont 1 bis 4), bearbeiten sie KV 4 in Einzel- oder Partnerarbeit. Dabei unterstützt die Lehrkraft besonders die Kinder auf Förderhorizont 1 und 2 (z. B. „Jeder Kuchen kostet einen Euro." → Die Lehrkraft tippt auf jeden einzelnen Kuchen auf dem Bild.) Kinder auf den Förderhorizonten 3 und 4 unterstützen sich gegenseitig bei der Bearbeitung des Arbeitsblatts.

💬 Die Übung unterstützt den gezielten **Erwerb wichtiger Hinweiswörter** (jeder, zusammen, genug, übrig) in Verkaufssituationen und damit auch in Textaufgaben dazu. Ihre Bedeutung wird in typischen Kontexten (sprachlich und visuell) entschlüsselt und gebraucht.

📝 KV 1 Kinderflohmarkt

MATERIAL/VORBEREITUNG KV 1 (Aufgabenblätter), Poster von KV 1 (Bild)

DURCHFÜHRUNG Im Anschluss an die sprachliche Vorbereitung von KV 1 durch die Rollenspiele (KV 3) und KV 2 (siehe unten) sowie KV 4 bearbeiten die SuS die Aufgaben auf den Aufgabenblättern von KV 1. Bevor die Kinder damit beginnen, bespricht die Lehrkraft mit ihnen die Vorgehensweise (Lese- und Bearbeitungsstrategien), die auch an der Tafel festgehalten werden sollten:

1. Lies dir die Aufgabe genau durch. 👓
2. Sieh dir das Bild genau an. Dort findest du wichtige Informationen. Kreise sie ein.
3. Im Text findest du wichtige Informationen. Kreise sie ein. ✏️
4. Unterstreiche die Wörter, die du nicht verstehst. Suche sie im Wörterbuch oder frage andere Kinder oder deine Lehrerin! ABC✏️
5. Beantworte die Frage und schreibe auf, was du gerechnet hast. 1 2 ✏️

Exemplarisch führt die Lehrkraft Übungsbeispiele an der Tafel gemeinsam mit der Klasse durch.

Beispiel:
„Ada und David haben Geld aus ihrem Sparschwein geholt. Zusammen haben sie 40 Euro dabei. Können Ada und David davon das Fahrrad und das Fußballtor kaufen?"

Sie hilft den Kindern bei der Sinnerschließung der Aufgabe, indem sie das Vorlesen der Aufgabe durch Gesten begleitet (z.B. „Ada und David haben Geld aus ihrem Sparschwein geholt. Zusammen haben sie 40 Euro dabei." → Die Lehrkraft unterstreicht die Textstelle (40 Euro) und zeigt das Geld. „Können Ada und David davon das Fahrrad und das Fußballtor kaufen?" → Die Lehrkraft zeigt auf das Fahrrad und das Fußballtor. Durch Rückfragen sichert sie das Text- und Aufgabenverständnis:

„Haben Ada und David 42 Euro dabei?"
„Wie viel Geld haben Ada und David dabei?"
„Wollen Ada und David das Zelt kaufen?"
„Was wollen Ada und David kaufen?"
„Wollen sie alles zusammen bezahlen?"
„Wie viel müssen Ada und David für das Fahrrad und das Zelt zusammen bezahlen?"
„Haben Ada und David genug Geld dabei?"

Die Beantwortung der Frage notiert die Lehrkraft ebenfalls exemplarisch:

„Nein, denn: 25 € + 16 € = 41 €"

Während der Bearbeitungsphase unterstützt die Lehrkraft die Kinder ihrem Förderhorizont entsprechend.

💬 Kinder benötigen im Umgang mit mathematischen Texten und im Erwerb von Lösungskompetenzen gezielte Unterstützung. Grundvoraussetzung für den Aufbau einer Lösungsstrategie ist das Verstehen des Textes und damit der vorgegebenen Informationen und Fragestellungen. Die **Entwicklung von Textbearbeitungsstrategien** ist daher durchgängiges Förderziel.

ANGEBOT FÜR FÖRDERHORIZONT 1 UND 2

📝 KV 2 Pluraldomino

MATERIAL/VORBEREITUNG KV 2 pro Dreiergruppe einmal (evtl. vergrößert) auf Pappe kopieren. Es kann auch der doppelte Kartensatz verwendet werden.

DURCHFÜHRUNG Die Kinder spielen in Dreiergruppen. Sie schneiden die Dominokarten aus und mischen sie. Jedes Kind erhält zwei Karten. Die restlichen Karten liegen verdeckt als Stapel in der Mitte. Die oberste Karte wird aufgedeckt und als Startkarte in die Mitte gelegt. Das jüngste Kind beginnt. Die Spieler können jeweils nach beiden Seiten eine passende Karte anlegen. Man darf jeweils nur eine Karte anlegen. Wer keine passende Karte hat, darf eine Karte vom Stapel ziehen. Wenn der Stapel aufgebraucht ist, muss der Spieler aussetzen. Beim Anlegen versprachlicht das Kind die Anlegebilder.

Beispiel:
„ein Turnschuh – zwei Turnschuhe
Hier ist ein Turnschuh. Hier sind zwei Turnschuhe."

Wer zuerst keine Karten mehr hat, hat gewonnen.

💬 Damit neue Begriffe **nachhaltig abgespeichert** werden können, sind viele Begegnungen mit dem Begriff nötig. In einem spielerischen Zusammenhang erhalten die Kinder hier immer wieder die Gelegenheit, die neuen Begriffe – auch im **Plural** – zu wiederholen und zu üben.

ANGEBOT FÜR FÖRDERHORIZONT 1–4

Rollenspiel: Kinderflohmarkt

MATERIAL/VORBEREITUNG obere Hälfte von KV 3 (Förderhorizont 1 und 2), untere Hälfte von KV 3 (Förderhorizont 3), Decke, Flohmarktutensilien, wie sie im Klassenzimmer zu finden sind (z. B. Hefte, Bücher, Tassen, Stifte …), Spielgeld, Kassen und/oder Portemonnaies, Einkaufstaschen

DURCHFÜHRUNG Die SuS bauen gemeinsam eine kleine Flohmarktszene mit Gegenständen, die im Klassenzimmer vorhanden sind, auf. Kinder auf den Förderhorizonten 3 und 4 können die Kinder auf Förderhorizont 1 und 2 durch das Schreiben von Wortkarten (mit Artikel) unterstützen. Die Wortkarten werden zu den aufgebauten Gegenständen gelegt. Außerdem fertigen die Kinder Preisschilder an und bereiten ihre Rollenspielszenen vor. Dazu vereinbaren sie, wie viel Einkaufsgeld Ada und David mit zum Flohmarkt nehmen. Die Kinder bilden Gruppen entsprechend ihrer Förderhorizonte und vervollständigen die Texte von KV 3 oder formulieren eigene Texte und wählen aus ihrem Flohmarktangebot passende Gegenstände und Preise aus. Dabei unterstützt die Lehrkraft die Kleingruppen, indem sie die Textergänzungen der Kinder modelliert.

Beispiel für Förderhorizont 1 und 2:
(Textergänzung durch die SuS)
David: „Ich möchte gerne der Stift kaufen."

Lehrkraft:
„David möchte gerne den Stift kaufen. Ich schreibe euch das noch einmal groß auf euren Textzettel. David sagt: Ich möchte gerne den Stift kaufen."

Die Kinder verteilen die Rollen, sodass die Kinder ihren jeweiligen Text lernen können. In der Kleingruppe üben sie ihre Einkaufsszene, bevor sie der Klasse ihre Szene vorspielen.

💬 Kinder zu Beginn des Spracherwerbs haben noch große Schwierigkeiten bei der Bildung von einfachen Sätzen mit gebeugten Verben. Durch die Erarbeitung des Rollenspiels werden **typische Redemuster als feststehende Phrasen** für Einkaufssituationen gefördert. Die Einübung eines Rollenspiels mit angepasstem Text bietet die Gelegenheit für viele Wiederholungen in **authentischen Zusammenhängen**.
Der Rollenspieltext für die Kinder auf Förderhorizont 3 ist anspruchsvoller gestaltet: Die Kinder üben die Bildung von Sätzen mit Inversion und den Gebrauch von Füllwörtern (ja, lieber …), die Sprechern die Möglichkeit geben, eine bestimmte Haltung auszudrücken oder das Gesagte mit einer bestimmten Emotion zu versehen.

Die Kinder auf Förderhorizont 4 denken sich selbstständig ein Verkaufsgespräch zur Einkaufssituation aus. Dabei unterstützt die Lehrkraft die Kinder, indem sie deren Vorschläge aufgreift und modelliert.

Beispiel für Förderhorizont 4:
(Textvorschlag der SuS)
David: „Ich kann die Stifte nicht kaufen, weil ich habe nicht mehr Geld."

Lehrkraft:
„Aha, Davids Geld reicht nicht. Er sagt: Ich kann die Stifte nicht kaufen, weil ich nicht genug Geld habe."

Mit Unterstützung durch die Lehrkraft erarbeiten sich die Kinder so einen Text für ihr Rollenspiel. Sie schreiben den Text auf und verteilen die Rollen, sodass die Kinder ihren jeweiligen Text lernen können. In der Kleingruppe üben sie ihre Einkaufsszene, bevor sie der Klasse ihre Szene vorspielen.

TIPP FÜR DIE WEITERARBEIT Die Lehrkraft steuert die Erarbeitung weiterer Einkaufsszenen durch die Vorgabe der Preisschilder und des Einkaufgeldes, das den Einkaufskindern zur Verfügung steht (mathematische Differenzierung).

💬 Die Umsetzung des Verkaufsdialogs als Textvorlage für ein Rollenspiel bietet die Chance, die Äußerungen der SuS aufzugreifen und durch **Modellierung** in grammatisch korrekte Formen zu überführen, die die Kinder durch das Einüben des Rollenspiels mehrfach wiederholen.

Kinderflohmarkt

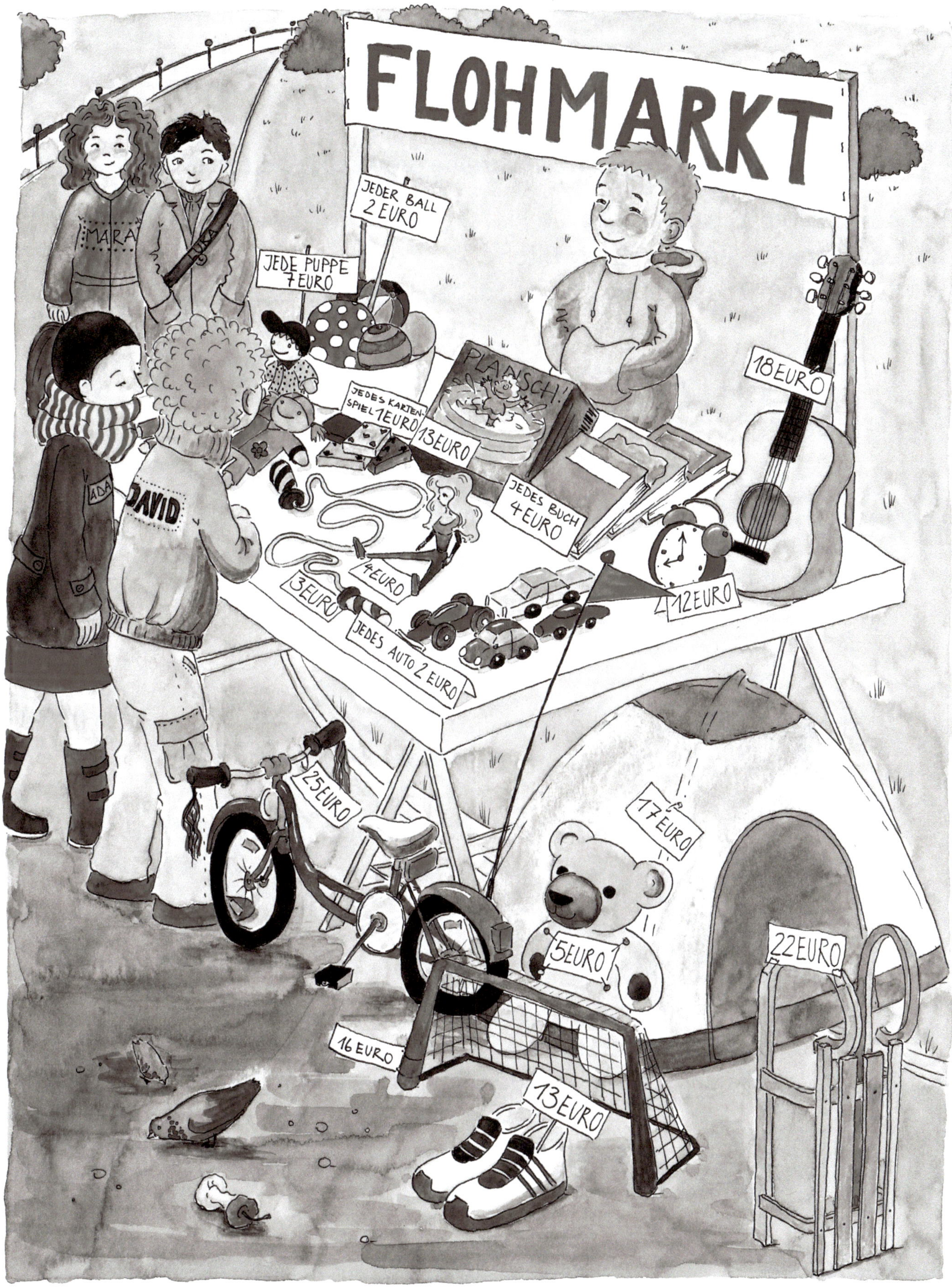

Sprachförderung PLUS Mathematik – Text- und Sachaufgaben
Förderbausteine für den Soforteinsatz im Mathematikunterricht
ISBN 978-3-12-666805-7

1 Kinderflohmarkt M 1/2
Gesamte Lerngruppe

> Ada und David haben Geld aus ihrem Sparschwein geholt.
> Zusammen haben sie 40 Euro dabei.
>
> Luka hat 35 Euro gespart. Mara hat 39 Euro gespart.

1 | Beantworte die Fragen und schreibe die Rechnung dazu!

Ada möchte sich gerne einen Schlitten kaufen.
David interessiert sich für die Gitarre.
Können sich Ada und David beide Sachen kaufen?

☐ Ja,
    denn _____
☐ Nein,

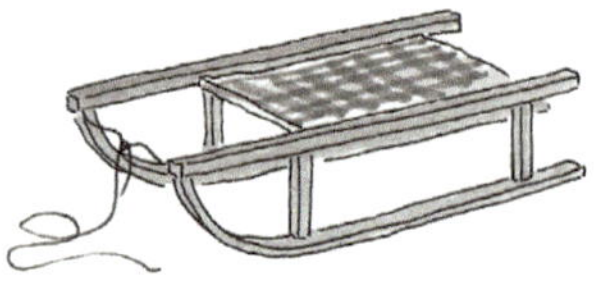

Ada will sich noch die Barbiepuppe und ein Kartenspiel kaufen.
Haben die Kinder dafür genug Geld übrig?

☐ Ja,
    denn _____
☐ Nein,

Kann sich David vom restlichen Geld noch zwei Springseile kaufen?

☐ Ja,
    denn _____
☐ Nein,

Kann sich Luka das Fahrrad und den Schlitten kaufen?

☐ Ja,
    denn _____
☐ Nein,

Kinderflohmarkt M 1/2
Gesamte Lerngruppe

2| Denk dir selbst Aufgaben aus! Dein Nachbar soll sie beantworten!

Kann sich Mara _____ und das _____ kaufen?

☐ Ja,
      denn _____
☐ Nein,

Mara kauft _____. Bleibt genug Geld für _____ übrig?

☐ Ja,
      denn _____
☐ Nein,

Kann sich Mara _____ und das _____ kaufen?

☐ Ja,
      denn _____
☐ Nein,

Mara kauft _____. Bleibt genug Geld für _____ übrig?

☐ Ja,
      denn _____
☐ Nein,

Pluraldomino

Rollenspiel: Kinderflohmarkt

Verkaufskind: Guten Tag! Was möchtet ihr kaufen?
David: Ich möchte gerne … kaufen. Wie viel kostet …?
Verkaufskind: … kostet … Euro.
David: Gut, ich nehme ….

David bezahlt.

Verkaufskind: Hier! Du bekommst … Euro zurück.
Ada: Ich kaufe mir für das restliche Geld … Wie viel kostet …?
Verkaufskind: … kostet … Euro.
Ada: Gut, ich nehme ….

Ada bezahlt.

Rollenspiel: Kinderflohmarkt

Verkaufskind: Guten Tag! Was möchtet ihr denn gerne kaufen?
David: Ich interessiere mich für … Wie viel kostet …?
Verkaufskind: … kostet … Euro. Das ist ein guter Preis.
David: Gut, dann nehme ich ….

David bezahlt.

Verkaufskind: Hier! Du bekommst noch … Euro zurück.
Ada: Dann bleibt ja noch genug Geld für mich übrig! Ich möchte gerne … kaufen. Reicht dafür das Geld?
Verkaufskind: Ja/Nein, denn … kostet … Euro.
Ada: Gut, ich nehme … / Gut, dann nehme ich lieber …

Ada bezahlt.

Am Kuchenstand

1 | Welche Sätze passen zum Bild? Kreuze immer 2 Sätze an.

- ☐ Jedes Stück Kuchen kostet 1 Euro.
- ☐ Ein Stück Kuchen kostet 5 Euro.
- ☐ Ein Stück Kuchen kostet 1 Euro.

- ☐ Ada kauft ein Stück Kuchen.
- ☐ Ada bezahlt ein Stück Kuchen.
- ☐ Ada isst ein Stück Kuchen.

- ☐ David bezahlt für jedes Kuchenstück 4 Euro.
- ☐ Zusammen kosten die Kuchenstücke 2 Euro.
- ☐ David bezahlt für beide Kuchenstücke 2 Euro.

- ☐ Ada und David haben noch 5 Euro übrig.
- ☐ Ada hat noch 4 Euro.
- ☐ David hat noch 3 Euro.

2 | Schreibe die Sätze in dein Heft und male ein Bild dazu.

Jedes Brot kostet 2 Euro.
Zusammen kosten die Brezeln 4 Euro.
Mama bezahlt den Apfelsaft.
Papa hat noch 10 Euro übrig.
Ada hat genug Geld für zwei Brote.

ZAHLEN UND OPERATIONEN
Freizeitspaß

Textaufgaben stellen für alle Kinder eine besondere Herausforderung dar. Doch besonders oft läuft die Bearbeitung von Textaufgaben über die Köpfe der sprachlich schwächeren Kinder hinweg. Die SuS bemühen sich zwar, Rechnungen zu Rechengeschichten zu finden, sind aber aufgrund ihrer Sprachschwierigkeiten kaum in der Lage, die in Worte gefasste Sachsituation zu verstehen, sie zu versprachlichen, gegebenenfalls eine Frage dazu zu formulieren und sie in die mathematische Symbolsprache zu übertragen. Oftmals kann beobachtet werden, dass die Kinder die im Text gegebenen Zahlen irgendwie mit den Operationen verbinden, die gerade im Unterricht behandelt werden, und den weiteren Text vernachlässigen.

Diese Schwierigkeiten liegen nicht nur am fehlenden Bezeichnungswortschatz, der durch Glossare, Wortschatzübungen etc. recht einfach zu erarbeiten ist. In Textaufgaben werden auch häufig Wörter gebraucht, die entscheidend sind für das Verständnis einer Sachsituation (z. B. „Ninas Schulweg ist 2 km lang. Sie muss die Strecke 10-mal in der Woche gehen. Max hat schon 36 Euro gespart. Sein Onkel gibt ihm noch 14 Euro dazu.").

Der Erwerb solcher Schlüsselwörter ermöglicht den Kindern, im Text Hinweise auf die richtige Rechenoperation zu finden und die sprachlich dargestellten Sachverhalte in die mathematische Symbolsprache zu übersetzen. Bei der bewussten Erarbeitung solcher Hinweiswörter muss jedoch darauf geachtet werden, dass sich die SuS keine zu enge Strategie bei der Bearbeitung von Textaufgaben angewöhnen und die in einem Text gegebenen Zahlen ausschließlich durch die im Hinweiswort erkennbare Rechenoperation miteinander in Bezug setzen. Hinweiswörter sind jeweils im Kontext zu verstehen, Automatismen sind zu vermeiden.

Beispiel:
Tina und Ben kaufen insgesamt 5 Sechserpäckchen Sammelbilder. Ben bekommt 18 Sammelbilder. Wie viele bekommt Tina?

Das Hinweiswort „insgesamt" kann bei unreflektierter Interpretation und mangelndem Textverständnis als Signal für eine Additionsaufgabe gesehen werden und zu folgender Rechnung führen: 5 + 18 = 23

Die SuS müssen lernen, die Hinweiswörter im jeweiligen Kontext zu betrachten und sie zu den weiteren Informationen, die im Text gegeben werden, in Bezug zu setzen. Hierbei handelt es sich um einen längeren Erwerbsprozess. Der Umgang mit Hinweiswörtern sollte durch vielfältige Übungen und immer wieder gefördert werden.

Überblick über die Förderangebote

GESAMTE LERNGRUPPE

- Einführung des Bezeichnungswortschatzes
- Hinweiswörter verstehen (das Dreifache, für je, in jeder, doppelt so viele, dreimal, teilen, verteilen, aufteilen)

Wortschatzbilder

KV 3 Freizeitspaß

KV 2 Hinweiswörter

FÖRDERHORIZONT 1

- Bildern den passenden Text zuordnen
- geforderte Rechenoperation erkennen
- einen einfachen Antwortsatz vervollständigen

KV 1, KV 3 Freizeitspaß: Rechengeschichten bearbeiten oder

FÖRDERHORIZONT 2

- Bildern den passenden Text zuordnen
- Rechengeschichten die passende Frage zuordnen
- geforderte Rechenoperationen erkennen
- einen einfachen Antwortsatz vervollständigen

KV 1, KV 4 Freizeitspaß: Rechengeschichten bearbeiten oder

FÖRDERHORIZONT 3

- sinnerfassendes Lesen
- zu Rechengeschichten mit Hilfe eines Wortgeländers eine passende Frage formulieren
- geforderte Rechenoperationen erkennen
- passende Antwortsätze formulieren

KV 5 Freizeitspaß: Rechengeschichten bearbeiten oder

FÖRDERHORIZONT 4

- sinnerfassendes Lesen
- zu Rechengeschichten selbstständig eine passende Frage formulieren
- geforderte Rechenoperationen erkennen
- passende Antwortsätze formulieren
- Nebensätze (wenn – dann)

KV 6 Freizeitspaß: Rechengeschichten bearbeiten oder

KV 7 Wenn – dann

Wortschatz

NOMEN das Dreifache, das/der Bonbon, das Kind, der Zoo, der Euro, der Eintritt, der Erwachsene, der Stift, der Gast, die Schachtel, die CD, der Goldfisch, die Stunde, die Woche, das Training, die Sechserpackung, das Wasser, die Flasche, der Garten, der Herbst, die Tulpe, die Zwiebel, das Beet, die Kugel, das Eis, die Maus, die Knabberstange, die Murmel, die Frage, die Antwort …

VERBEN verteilen, aufteilen, teilen, müssen, bezahlen, (ein)kaufen, holen, helfen, pflanzen, besuchen, (mit)bringen, bekommen, brauchen, wachsen, rechnen, malnehmen …

SONSTIGE immer, mal, mit je, für je, in jeder, dreimal, zwischen, gerne, gestern, uns, wie viele?, wenn, dann …

PHRASEN doppelt so viele …

INTERFERENZEN

rechnen → mit jemandem rechnen
teilen → jemandem etwas abgeben
mal → Kommst du mal?, mit einem Mal

ANGEBOTE FÜR DIE GESAMTE LERNGRUPPE

Wortschatzbilder

MATERIAL/VORBEREITUNG vergrößerte Bilder von KV 3, jedes Bild mittig auf ein Din-A4-Blatt kleben

DURCHFÜHRUNG Die Kinder arbeiten in Kleingruppen miteinander. Jede Gruppe erhält einen Satz der vergrößerten Bilder von KV 3. Die Kinder erzählen zur dargestellten Szene und beschriften jedes Bild mit Wörtern oder Sätzen. Die Lehrkraft unterstützt die Kinder bei ihrer Arbeit und achtet bei Nomen auf die richtige Verwendung des Artikels.

TIPP FÜR DIE WEITERARBEIT Die Kinder ergänzen die Beschriftung der Bilder durch Begriffe in ihrer Herkunftssprache.

💬 Zur Vorbereitung auf die Bearbeitung der Rechengeschichten wird der relevante Bezeichnungswortschatz erarbeitet. Diese Form der Wortschatzerarbeitung stellt das Lernen der Wörter in Zusammenhänge, was die **nachhaltige Speicherung der Wörter** unterstützt. Durch das gemeinsame Arbeiten profitieren die Kinder auf den verschiedenen Förderhorizonten voneinander.

📝 KV 2 Hinweiswörter 👥👁

MATERIAL/VORBEREITUNG KV 2, folgende Wortkarten auf einen Tafelflügel heften: das Vierfache, für je, in jeder, doppelt so viele, viermal, teilen, verteilen, aufteilen;
folgende Wortkarten als Tabellenüberschriften in der Tafelmitte anbringen: multiplizieren/malnehmen/• und dividieren/teilen/÷, evtl. Requisiten (Stifte, Sticker, Schaumkussschachteln, Karten, Koffer, Kaugummis, Keulen, Spielzeugautos), Plakat

DURCHFÜHRUNG Die Lehrkraft erzählt den Kindern kleine Rechengeschichten (auf bekannten Wortschatz achten), in denen die Hinweiswörter der Wortkarten enthalten sind.

Beispiele:
„Lina kauft 4 Stifte für je 2 Euro. Wie viel Euro muss sie bezahlen?"
„Ali hat schon 25 Sticker gesammelt. Nico hat doppelt so viele. Wie viele Sticker hat Nico?"
„Frau Bauer bringt den Kindern 8 Schachteln Schaumküsse mit. In jeder Schachtel sind 6 Schaumküsse. Wie viele Schaumküsse hat sie dabei?"
„Olga verteilt 32 Karten an 4 Kinder. Wie viele Karten bekommt jedes Kind?"
„Milas Koffer wiegt 5 kg. Papas Koffer wiegt das Vierfache. Wie viel wiegt Papas Koffer?"
„Eva, Nelli und Ole teilen sich 21 Kaugummis. Wie viele Kaugummis bekommt jedes Kind?"
„Umut trägt immer 4 Keulen in die Sporthalle. Er muss viermal gehen. Wie viele Keulen hat Umut in die Halle getragen?"
„Tim und sein Bruder teilen 26 Spielzeugautos gerecht zwischen sich auf. Wie viele Autos bekommt Tim?"

Es empfiehlt sich, die Rechengeschichten gegebenenfalls mit Hilfe der Requisiten zu inszenieren.
Zu jeder Rechengeschichte suchen die Kinder das passende Hinweiswort an der Tafel. Die Kinder überlegen, wie die Rechengeschichte gelöst wird, und heften die Wortkarte mit dem Hinweiswort in die richtige Spalte. Im Anschluss bearbeiten die Kinder in Partnerarbeit KV 2. Schnelle Arbeiter können zu jeder Aufgabe noch die geforderte Rechenaufgabe schreiben und diese lösen.
Die Tabelle mit den Hinweiswörtern wird auf ein Plakat geheftet und im Verlauf des weiteren Mathematikunterrichts fortlaufend ergänzt.

TIPPS FÜR DIE WEITERARBEIT
■ Die Kinder sollten sich nicht angewöhnen, die in einem Text gegebenen Zahlen ohne weitere Überlegungen durch die im Hinweiswort erkennbare Rechenoperation miteinander in Bezug zu setzen. Daher empfiehlt es sich, Übungen wie auf KV 2 mit erhöhtem Schwierigkeitsgrad immer wieder durchzuführen – auch zu Operationen, die gerade nicht verstärkt im Unterricht geübt werden.
Beispiele:
– Aufgaben mit mehr Zahlen als für die Rechnung benötigt werden
„Pelle wird 10 Jahre alt. Seine Schwester schenkt ihm 3 Packungen Fußballbilder. In jeder Packung sind 5 Fußballbilder." → Mit solchen Aufgaben kann beispielsweise mit den Kindern die Markierung der für die Lösung relevanten Zahlen geübt werden.
– Aufgaben, die auf der Basis des gegebenen Sachverhalts nicht gelöst werden können (sogenannte Kapitänsaufgaben)
„Im Klassenzimmer stehen 4 Reihen mit je 3 Tischen. Wie alt ist die Klassenlehrerin?" → Zu Kapitänsaufgaben können zum Beispiel Kinder passende Fragen finden.
– Aufgaben, in deren Kontext die Hinweiswörter kein eindeutiges Signal für eine bestimmte Rechenoperation geben
„Ich bin schon fünfmal im Zoo gewesen. Dort gibt es drei Elefanten." → Auf der Basis solcher Aufgaben können die Kinder zum Beispiel Aufgaben erfinden, in denen das Hinweiswort eindeutig gebraucht wird.
■ Die SuS denken sich eigene Rechengeschichten zu den einzelnen Hinweiswörtern aus.

💬 Kinder im Spracherwerb müssen die **Bedeutung sogenannter Hinweiswörter** verstehen lernen, um Rechengeschichten lösen zu können. Ihrer Vermittlung ist im Fachunterricht besondere Aufmerksamkeit zu schenken. Wichtig ist, die Hinweiswörter nicht nur in eindimensionalen Zusammenhängen, sondern zunehmend auch in uneindeutigen Kontexten zu verwenden (z. B. Nico verteilt von seinen Sammelbildern 36 Bilder an 6 Kinder. Jetzt hat er nur noch 72 Sammelbildern. Wie viele hatte er vorher?).

ANGEBOT FÜR FÖRDERHORIZONT 1

Freizeitspaß: Rechengeschichten bearbeiten ♀ oder ♀♀

MATERIAL/VORBEREITUNG KV 1, KV 3

DURCHFÜHRUNG Die Kinder auf Förderhorizont 1 schneiden zunächst die Sprechblasen auf KV 1 und die vier Aufgabenkästchen auf KV 3 aus. Sie lesen die Sprechblasen von KV 1 genau durch und ordnen sie dem entsprechenden Aufgabenkästchen von KV 3 zu. Sie kleben die Sprechblase mit dem dazugehörigen Aufgabenkästchen in ihr Heft. Die SuS schreiben die passende Rechenaufgabe unter das Bild und vervollständigen den Antwortsatz.

TIPPS FÜR DIE WEITERARBEIT
- Die SuS unterstreichen in den Sprechblasen die Hinweiswörter.
- Die SuS malen selbst Rechenbilder und schreiben die passenden Rechenaufgaben dazu.

> 💬 Die meisten Rechengeschichten werden komplexer formuliert sein, als es dem Sprachstand von Kindern auf Förderhorizont 1 entspricht. Mit Hilfe der Bilder wird den Kindern ein globales Verstehen der Rechengeschichte und das Erkennen der geforderten Rechenoperation ermöglicht. Durch die **Nutzung von Parallel- und Kontextinformationen** wird ihnen eine Strategie an die Hand gegeben, wie sie mit Texten umgehen können, die sie zunächst nicht verstehen.

ANGEBOT FÜR FÖRDERHORIZONT 2

Freizeitspaß: Rechengeschichten bearbeiten ♀ oder ♀♀

MATERIAL/VORBEREITUNG KV 1, KV 4

DURCHFÜHRUNG Die Kinder auf Förderhorizont 2 schneiden zunächst die Sprechblasen auf KV 1, die vier Aufgabenkästchen und die vier Fragekärtchen auf KV 4 aus. Sie lesen die Sprechblasen von KV 1 genau durch und ordnen sie dem entsprechenden Aufgabenkästchen von KV 4 zu. Sie kleben die Sprechblase mit dem Aufgabenkästchen in ihr Heft. Anschließend suchen sie den passenden Fragesatz zur Aufgabe und kleben ihn zum zugehörigen Aufgabenkästchen. Die SuS schreiben die jeweilige Rechenaufgabe unter das Bild und vervollständigen den Antwortsatz.

TIPPS FÜR DIE WEITERARBEIT
- Die SuS unterstreichen in den Sprechblasen die Hinweiswörter.
- Die SuS malen selbst Rechenbilder und schreiben die passenden Rechenaufgaben dazu.

> 💬 Die Kinder auf Förderhorizont 2 werden bei der Bearbeitung der Rechengeschichten sprachlich bereits stärker gefordert: Nach der Zuordnung der passenden Fragestellung zur Rechengeschichte und der Lösung der Aufgabe vervollständigen sie einen einfachen **Antwortsatz analog zur Fragestellung**. Implizit lernen die Kinder durch eine solche Vorgehensweise, die Modelle und Vorgaben, die in Fragen bereits enthalten sind, zu nutzen.

ANGEBOT FÜR FÖRDERHORIZONT 3

Freizeitspaß: Rechengeschichten bearbeiten ♀ oder ♀♀

MATERIAL/VORBEREITUNG KV 5

DURCHFÜHRUNG Nachdem sie die Rechengeschichten genau gelesen haben, formulieren die Kinder auf Förderhorizont 3 mit Hilfe eines Wortgeländers selbstständig Fragen zu den Rechengeschichten. Sie schreiben die passende Rechenaufgabe unter das Bild und ergänzen ebenfalls mit Hilfe des Wortgeländers und der zuvor formulierten Frage einen Antwortsatz.

TIPPS FÜR DIE WEITERARBEIT
- Die SuS unterstreichen in den Sprechblasen die Hinweiswörter.
- Die SuS malen und schreiben selbst kleine Rechengeschichten. Sie tauschen mit einem anderen Kind, das die Aufgabe dann löst.

> 💬 **Wortgeländer** helfen den Kindern bei der Verbalisierung ihrer Gedanken. Sie unterstützen sie beim Finden der richtigen Begriffe, geben aber auch einen Hinweis auf die Struktur des Satzes, der zu bilden ist (hier eine Frage).

ANGEBOT FÜR FÖRDERHORIZONT 4

Freizeitspaß: Rechengeschichten bearbeiten ☺ oder ☺☺

MATERIAL/VORBEREITUNG KV 6

DURCHFÜHRUNG Nachdem sie die Rechengeschichten genau gelesen haben, formulieren die Kinder auf Förderhorizont 4 selbstständig Fragen zu den Rechengeschichten. Sie schreiben die passende Rechenaufgabe unter das Bild und formulieren einen passenden Antwortsatz.

TIPPS FÜR DIE WEITERARBEIT
- Die SuS unterstreichen in den Sprechblasen die Hinweiswörter.
- Die SuS malen und schreiben selbst kleine Rechengeschichten. Sie tauschen mit einem anderen Kind, das die Aufgabe dann löst.

KV 7 Wenn – dann ☺

MATERIAL/VORBEREITUNG KV 7

DURCHFÜHRUNG Die Kinder bearbeiten KV 7 in Einzelarbeit, indem sie zunächst Nebensätze zu den Rechengeschichten mit den errechneten Lösungen ergänzen und dann weitere Varianten zum vorgegebenen Satzmuster ergänzen bzw. vervollständigen.

TIPPS FÜR DIE WEITERARBEIT
- Die SuS denken sich weitere Wenn-dann-Beziehungen zu den Rechengeschichten aus und schreiben die Sätze in ihr Heft.
- Die Kinder erfinden eigene Wenn-dann-Rechengeschichten.

Die Bildung von Bedingungssätzen (wenn – dann) wird hier trainiert. Das Erfinden weiterer Aufgaben zur Rechengeschichte wird genutzt, das **vorgegebene Satzmuster mehrfach aufzugreifen** und zu wiederholen.

Freizeitspaß

Ich gehe mit meinem Papa einkaufen. Wir holen 8 Packungen mit je 6 Wasserflaschen.

Ich helfe meiner Mama gerne im Garten. Im Herbst pflanzen wir immer Tulpenzwiebeln. Wir verteilen 35 Zwiebeln auf 5 Beete.

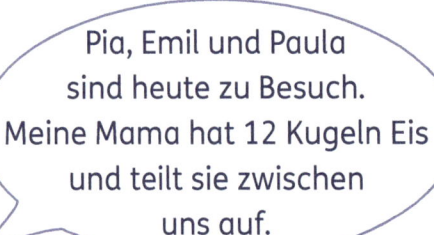

Pia, Emil und Paula sind heute zu Besuch. Meine Mama hat 12 Kugeln Eis und teilt sie zwischen uns auf.

Ich habe 4 Mäuse. Jede bekommt in einer Woche 7 Knabberstangen.

Hinweiswörter

Multiplizieren (malnehmen) oder dividieren (teilen)?
Schreibe das passende Rechenzeichen in die Kästchen.
Die unterstrichenen Wörter helfen dir.

Melda verteilt 9 Bonbons an 3 Kinder.

Kinder müssen im Zoo 6 Euro Eintritt bezahlen. Erwachsene bezahlen das Dreifache.

Papa teilt 30 Köfte zwischen 10 Gästen auf.

Finn hat 3 Schachteln. In jeder sind 8 CDs.

Mia kauft 3 Stifte für je 2 Euro.

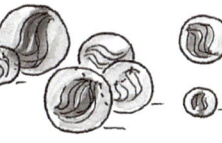

Alex geht dreimal in der Woche für 2 Stunden ins Training.

Ina hat 6 Goldfische. Pedro hat doppelt so viele.

Vier Kinder teilen sich 40 Murmeln.

Freizeitspaß

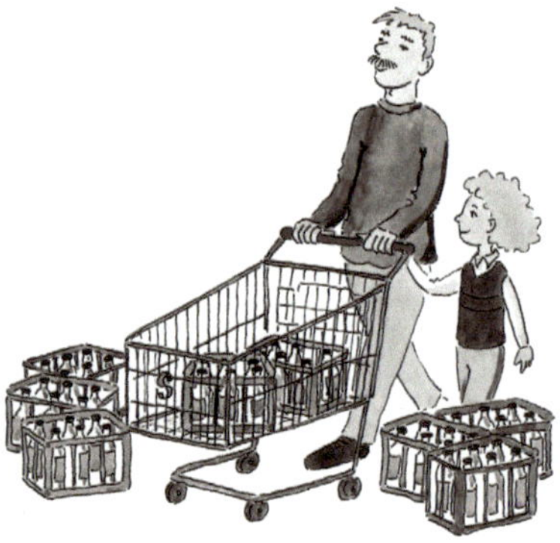

Ich rechne so:

Emma und ihr Papa kaufen _____ Wasserflaschen.

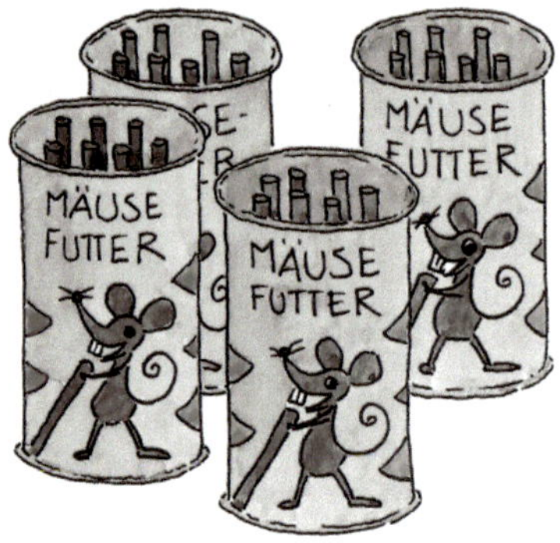

Ich rechne so:

Gül braucht jede Woche _____ Knabberstangen.

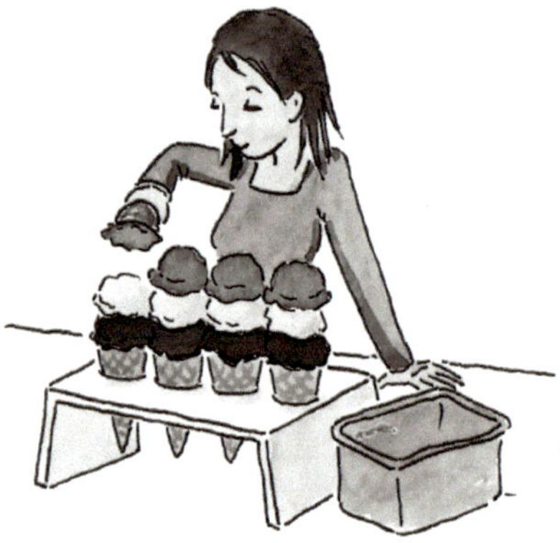

Ich rechne so:

Jedes Kind bekommt _____ Kugeln Eis.

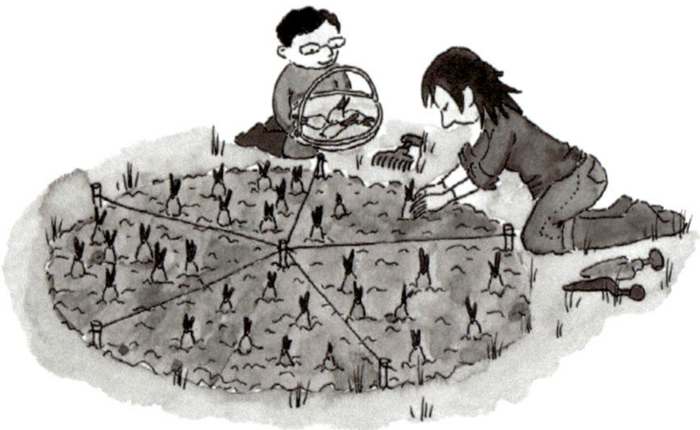

Ich rechne so:

Auf jedem Beet wachsen _____ Tulpen.

Freizeitspaß

Ich rechne so:

Emma und ihr Papa kaufen _____

_____ .

Ich rechne so:

Gül braucht jede Woche _____

_____

Ich rechne so:

Jedes Kind bekommt _____

_____ .

Ich rechne so:

Auf jedem Beet wachsen _____

_____ .

Wie viele Kugeln Eis bekommt jedes Kind?	Wie viele Wasserflaschen kaufen Emma und ihr Vater?
Wie viele Tulpen wachsen auf jedem Beet?	Wie viele Knabberstangen braucht Gül jede Woche?

Freizeitspaß

**Schreibe zu den Rechengeschichten passende Fragen und Antworten.
Schreibe auf, wie du rechnest!**

Ich war mit meinem Papa einkaufen. Wir haben 8 Packungen mit je 6 Wasserflaschen geholt.

Frage: W_____

So rechne ich:

Antwort: _____

Ich helfe meiner Mama gerne im Garten. Im Herbst haben wir Tulpenzwiebeln gepflanzt. Wir haben 35 Zwiebeln auf 5 Beete verteilt.

Frage: W_____

So rechne ich:

Antwort: _____

Gestern haben mich Pia, Emil und Paula besucht. Meine Mama hat uns 12 Kugeln Eis mitgebracht und sie zwischen uns aufgeteilt.

Frage: W_____

So rechne ich:

Antwort: _____

Ich habe 4 Mäuse. Jede bekommt in einer Woche 7 Knabberstangen.

Frage: W_____

So rechne ich:

Antwort: _____

Folgende Wörter helfen dir:

Wie viele ▪ Wasserflaschen ▪ kaufen ▪ Knabberstangen ▪ braucht ▪ jede Woche ▪ Tulpen ▪ wachsen ▪ auf jedem Beet ▪ Eiskugeln ▪ bekommt jedes Kind

Freizeitspaß

**Schreibe zu den Rechengeschichten passende Fragen und Antworten.
Schreibe auf, wie du rechnest!**

Ich war mit meinem Papa einkaufen. Wir haben 8 Packungen mit je 6 Wasserflaschen geholt.

Frage: _____

So rechne ich:

Antwort: _____

Ich helfe meiner Mama gerne im Garten. Im Herbst haben wir Tulpenzwiebeln gepflanzt. Wir haben 35 Zwiebeln auf 5 Beete verteilt.

Frage: _____

So rechne ich:

Antwort: _____

Gestern haben mich Pia, Emil und Paula besucht. Meine Mama hat uns 12 Kugeln Eis mitgebracht und sie zwischen uns aufgeteilt.

Frage: _____

So rechne ich:

Antwort: _____

Ich habe 4 Mäuse. Jede bekommt in einer Woche 7 Knabberstangen.

Frage: _____

So rechne ich:

Antwort: _____

Wenn – dann

1| Ergänze die Sätze.

Wenn Emma und ihr Papa 8 Sechserpackungen Wasser kaufen, dann kaufen sie _____ Wasserflaschen.

Wenn Emma und ihr Papa _____ kaufen, dann kaufen _____ .

Wenn Ben und seine Mama 35 Tulpenzwiebeln auf 5 Beete verteilen, dann wachsen auf einem Beet _____ Tulpen.

Wenn Ben und seine Mama _____ verteilen, dann wachsen _____ .

Wenn Mama 12 Eiskugeln für Jan, Pia, Emil und Paula mitbringt, dann bekommt jedes Kind _____ Kugeln Eis.

Wenn Mama _____ Eiskugeln für Pia, Emil und Paula mitbringt, dann _____ .

Gül hat 4 Mäuse. Wenn sie in einer Woche jeder Maus 7 Knabberstangen gibt, braucht sie _____ Knabberstangen in einer Woche.

Gül hat _____ Mäuse. Wenn sie _____ , dann _____ .

2| Erfinde eigene wenn – dann-Aufgaben und schreibe sie in dein Heft.

Wenn ich …

GRÖSSEN UND MESSEN
Unser Baumhaus

Text- und Sachaufgaben sind durch einen hohen Grad an Abstraktheit gekennzeichnet. Wie schwer das mathematische Vokabular auch im Bereich Messen und Größen zu verstehen ist, zeigt die Beschäftigung mit Dimensionsadjektiven. Dimensionsadjektive benennen räumliche Dimensionen: groß, klein, lang, kurz, hoch, niedrig, breit, schmal, tief, flach, dick, dünn, weit, nah, eng …

Der Erwerb ihrer Bedeutung ist keineswegs trivial, denn ihr Gebrauch kann vom Fokus des Betrachters oder vom Objekt und der Lage des Objekts, auf das sie sich beziehen, abhängen.

So wird beispielsweise bei einem Auto die „Länge" mit der Achse der Bewegungsrichtung gleichgesetzt („Das Auto ist 5m lang."). Bei einer Hängelampe jedoch bezieht sich die Länge auf die vertikale Achse. Zur Verwirrung trägt auch bei, dass einerseits von der „Höhe" eines Baums gesprochen wird, während ein auf dem Boden liegender, gefällter Stamm eine bestimmte Länge hat („Der Baum ist 3m hoch. Der Baumstamm ist 3m lang."). Bei einem Regal wird dann wieder die in Bezug auf unsere Blickrichtung querliegende Achse als „Breite" bezeichnet.

Erschwerend kommt weiterhin hinzu, dass die Bedeutung von Dimensionsadjektiven nicht absolut, sondern normabhängig ist. Das heißt, dass Dinge im Vergleich mit anderen Dingen z. B. als klein, aber auch als groß bezeichnet werden können.

Die SuS müssen also bei Textaufgaben mit Dimensionsadjektiven jedesmal erneut überlegen, welche Achse oder welche Sache oder Person gemeint ist, was für Kinder, die nur einen Bedeutungsaspekt der Begriffe kennen, nicht zu leisten ist.

Überblick über die Förderangebote

GESAMTE LERNGRUPPE
- Einführung des relevanten Wortschatzes
- Komparativformen: höher als, breiter als …

 KV 1 Poster: Unser Baumhaus

FÖRDERHORIZONT 1
- eine einfach formulierte Textaufgabe global verstehen
- einem Text mit Hilfe einer Zeichnung wichtige mathematische Angaben entnehmen
- passende Antwortsätze auswählen und ergänzen

 KV 2 Unser Baumhaus: Rechengeschichten bearbeiten

FÖRDERHORIZONT 2
- eine einfach formulierte Textaufgabe verstehen
- einem Text mit Hilfe einer Zeichnung wichtige mathematische Angaben entnehmen
- passende Antwortsätze auswählen und ergänzen

 KV 3 Unser Baumhaus: Rechengeschichten bearbeiten

FÖRDERHORIZONT 3
- eine Textaufgabe verstehen
- einem Text wichtige mathematische Angaben entnehmen
- passende Antwortsätze formulieren

 KV 4 Unser Baumhaus: Rechengeschichten bearbeiten

FÖRDERHORIZONT 4
- eine Textaufgabe verstehen
- einem Text wichtige mathematische Angaben entnehmen und sie zeichnerisch umsetzen
- Nebensätze verstehen und formulieren

 KV 5 Unser Baumhaus: Rechengeschichten bearbeiten

Wortschatz

NOMEN das (Baum)Haus, der Baum, der Garten, die Wiese, die Seitenwand, die Rückwand, das Brett, die Latte, der Schrank, der Vorhang, das Fenster, der Stoff, das Stoffstück, die Eltern, die Länge, die Breite, die Dicke, die Höhe, die Tiefe, der Text, die Maßangabe, die Zeichnung, die Frage, die Antwort …

VERBEN helfen, nageln, wissen, bauen, bestehen, wollen, verstecken, nähen, reichen, lesen, unterstreichen, beschriften, einsetzen, (be)antworten …

ADJEKTIVE lang, hoch, dick, breit, niedrig, groß, klein …

SONSTIGE übereinander, nebeneinander, nach oben …

PHRASEN Geht das?, länger als …, höher als …

INTERFERENZEN
reichen → jemandem etwas reichen
tief → das Loch ist tief

ANGEBOTE FÜR DIE GESAMTE LERNGRUPPE

KV 1 Poster: Unser Baumhaus

MATERIAL/VORBEREITUNG Das Bild von KV 1 als Poster vergrößern, Wortkarten (der Garten, das Baumhaus, die Seitenwand, die Rückwand, das Brett, die Latte, der Schrank, das Fenster, die Länge (2 x), die Dicke, die Breite (4 x), die Höhe (2 x), die Tiefe)

DURCHFÜHRUNG Die Lehrkraft heftet das Poster und die Wortkarten an die Tafel. Die Kinder versprachlichen ihre Assoziationen zum Bild und ordnen die Wortkarten mit Hilfe von Pfeilen den passenden Stellen zu. Dabei steuert und unterstützt die Lehrkraft die SuS je nach Unterrichtssituation durch Fragen, Impulse und Gesten.

Beispiele für einfache Fragen und Impulse (Förderhorizont 1 und 2):
„Was ist das?"
„Ist das die Seitenwand oder die Rückwand?"
„Zeig mir das Brett!"
„Sind die Bretter übereinander oder nebeneinander?" (Unterstützung durch eine Geste)

Beispiele für anspruchsvollere Fragen und Impulse (Förderhorizont 3 und 4):
„Was denkst du? Wie haben die Kinder das Baumhaus gebaut?"
„Was glaubst du? Warum liegt das Brett auf der Wiese?"
„Wie können die Kinder den Schrank nach oben ins Baumhaus bekommen?"

Besondere Aufmerksamkeit schenkt die Lehrkraft der Erarbeitung der Begriffe zur Bezeichnung der verschiedenen Objektachsen. Dabei achtet sie auf deren Visualisierung, indem sie die Objektachsen parallel zur Zuordnung der Begriffe einzeichnet.

Beispiele:
„Ist das Brett lang oder hoch?" (Unterstützung durch eine Geste)
„Ist das breit oder hoch?" (Eine Objektachse des Schrankes zeigen)
„Das ist die Höhe des Schrankes. So hoch ist der Schrank." (Achse einzeichnen)

Das Poster wird so nach und nach erarbeitet.

TIPPS FÜR DIE WEITERARBEIT Die Kinder fertigen sich selbst Wortkarten mit den Begriffen „die Länge, die Dicke, die Höhe, die Breite, die Tiefe" an und heften sie an die passenden Objektachsen von Gegenständen im Klassenzimmer oder der Schule.
Die Kinder erhalten eine Kopie von KV 1 und beschriften zur Festigung der erarbeiteten Begriffe die einzelnen Bilder. Dafür lässt die Lehrkraft die Wortkarten an der Tafel hängen.

> Damit die SuS Textaufgaben mit Dimensionsadjektiven verstehen und damit auch lösen können, muss vorab die möglicherweise **unterschiedliche Bezeichnung gleicher Objektachsen** erarbeitet werden. In Bezug auf die vorliegende Aufgabe müssen die Kinder z. B. erfassen können, dass sich die Höhe des Fensters und die Länge des Vorhangs auf die gleiche Achse beziehen.

ANGEBOT FÜR FÖRDERHORIZONT 1

KV 2 Unser Baumhaus oder

DURCHFÜHRUNG Die SuS bearbeiten die Textaufgaben auf KV 2, indem sie zunächst den Text lesen und ihn mit der dazugehörigen Zeichnung vergleichen. Mit Hilfe der Zeichnung und der vorgegebenen Wörter ergänzen sie die Zeichnung durch die im Text gegebenen Maßangaben.
Im Anschluss schreiben die SuS ihre Rechnungen zur Textaufgabe auf und wählen die passenden Antwortsätze aus dem Auswahlangebot aus.

LÖSUNG KV 2: 14 cm x 15 = 210 cm = 2,1 m; Die Seitenwand ist 2,1 m hoch; 210 cm – 180 cm = 30 cm; Ja, es geht. Der Schrank ist niedriger.

TIPP FÜR DIE WEITERARBEIT Nach dem Muster von KV 2 kann auch folgende weiterführende Aufgabe gelöst werden:

> Nena und Huda nähen 2 Vorhänge für das Fenster im Baumhaus. Die Vorhänge sollen lang genug sein. Das Fenster ist 67 cm hoch und 49 cm breit. Huda hat noch ein Stoffstück. Das Stoffstück ist 1,25 m lang und 50 cm breit. Reicht der Stoff für 2 Vorhänge? Sind die Vorhänge lang genug? Mögliche Antworten: Ja, der Stoff reicht./Nein, der Stoff reicht nicht. Das Fenster ist höher. Das Fenster ist breiter.

Lösung: 125 cm – 67 cm = 58 cm; Der Vorhang ist lang genug.

Obwohl die Textaufgabe sprachlich stark vereinfacht wurde (z. B. einfache Satzstrukturen, Reduktion des Textes auf das Wesentliche), werden die Kinder auf Förderhorizont 1 den Text nicht im Detail verstehen können. Die **Zeichnungen unterstützen die Kinder beim Suchen und Finden der mathematischen Angaben** im Text. Die sprachlich dargestellte Situation wird visualisiert, sodass die Kinder selbstständig zu Rechnungen finden können.

ANGEBOT FÜR FÖRDERHORIZONT 2

KV 3 Unser Baumhaus oder

DURCHFÜHRUNG Die SuS bearbeiten die Textaufgaben auf KV 3, indem sie zunächst den Text lesen und ihn mit der dazugehörigen Zeichnung vergleichen. Mit Hilfe der Zeichnung und der vorgegebenen Wörter ergänzen sie die Zeichnung durch die im Text gegebenen Maßangaben.
Im Anschluss schreiben die SuS ihre Rechnungen zur Textaufgabe auf und wählen die passenden Antwortsätze aus dem Auswahlangebot aus und ergänzen diese.

LÖSUNG KV 3: 14 cm x 15 = 210 cm = 2,1 m; Die Seitenwand ist 2,1 m hoch; 210 cm – 180 cm = 30 cm; Ja, es geht. Der Schrank ist niedriger als die Seitenwand.

TIPP FÜR DIE WEITERARBEIT Nach dem Muster von KV 3 kann auch folgende weiterführende Aufgabe gelöst werden:

> Nena und Huda nähen 2 Vorhänge für das Fenster im Baumhaus. Die Vorhänge sollen lang genug sein. Das Fenster ist 67 cm hoch und 49 cm breit. Huda hat noch ein Stoffstück. Das Stoffstück ist 1,25 m lang und 50 cm breit. Reicht der Stoff für 2 Vorhänge? Sind die Vorhänge lang genug? Mögliche Antworten: Ja, der Stoff reicht. Der Vorhang ist länger als das Fenster./Nein, der Stoff reicht nicht. Der Vorhang ist zu kurz für das Fenster.

Lösung: 125 cm – 67 cm = 58 cm; Der Vorhang ist lang genug.

Auch Kinder auf Förderhorizont 2 benötigen noch visuelle Hilfen beim Verständnis komplexer Texte mit hoher Informationsdichte. Die Verwendung von gesteigerten Adjektiven mit „als", wird den Kindern durch die **Vorgabe möglicher Antwortsätze** erleichtert.

ANGEBOT FÜR FÖRDERHORIZONT 3

KV 4 Unser Baumhaus oder

DURCHFÜHRUNG Bevor die SuS mit dem Lösen der Textaufgabe auf KV 4 beginnen, sollten die Strategien zur Bearbeitung von Textaufgaben eingeführt bzw. wiederholt werden. Ein möglicher Tafelanschrieb kann lauten (vgl. auch S. 51 und 82):

1. Lies dir die Aufgabe genau durch! Unterstreiche die Fragen!
2. Unterstreiche die Maßangaben im Text!
3. Beschrifte die Zeichnungen. Setze die Maßangaben ein!
4. Wie rechnest du?
5. Beantworte die Fragen!

Anschließend lesen die Kinder den Text und unterstreichen die Fragen, die sie beantworten sollen und die im Text gegebenen Maßangaben. Bevor sie ihre Rechnungen notieren und eine Antwort formulieren, beschriften sie die Zeichnungen zur Textaufgabe.

LÖSUNG KV 4: 14 cm x 15 = 210 cm = 2,1 m; Die Seitenwand ist 2,1 m hoch; 210 cm – 180 cm = 30 cm; Ja, es geht. Der Schrank ist niedriger. 125 cm – 67 cm = 58 cm; Der Vorhang ist lang genug.

> Die Formulierung der Textaufgabe für Kinder auf Förderhorizont 3 ist entsprechend ihrer Fähigkeiten komplexer gestaltet. Der Text enthält wesentliche Informationen neben Angaben, die zur Lösung der Aufgabe nicht nötig sind. Durch das **Training von Bearbeitungsstrategien** üben die Kinder, **wesentliche von unwesentlichen Informationen zu unterscheiden** und **Zeichnungen als Lösungshilfe** zu nutzen. Zur Formulierung der Antwort können die Kinder die in der Frage vorgegebenen Strukturen nutzen.

ANGEBOT FÜR FÖRDERHORIZONT 4

KV 5 Unser Baumhaus oder

DURCHFÜHRUNG Bevor die SuS mit dem Lösen der Textaufgabe beginnen, sollten die Strategien zur Bearbeitung von Textaufgaben eingeführt bzw. wiederholt werden (siehe oben Angebot für Förderhorizont 3). Anschließend lesen die Kinder den Text und unterstreichen die Fragen, die sie beantworten sollen und die im Text gegebenen Maßangaben. Bevor sie ihre Rechnungen notieren und eine Antwort formulieren, erstellen sie eigene Zeichnungen zur Aufgabe und beschriften diese mit den Maßangaben.

LÖSUNG KV 5: 14 cm x 15 = 210 cm = 2,1 m; Die Seitenwand ist 2,1 m hoch; 210 cm – 180 cm = 30 cm; Ja, es geht. Der Schrank ist niedriger. 125 cm – 67 cm = 58 cm; Der Vorhang ist lang genug.

> Die Textaufgabe, die die Kinder auf Förderhorizont 4 bearbeiten, enthält verschiedene **Nebensätze (ob-Satz, dass-Satz, Relativsatz)**, deren Förderung für die Kinder auf Förderhorizont 4 besonders im Fokus steht. Auch das Formulieren von **Begründungen** wird durch die Vorgabe im Antwortsatz herausgefordert.

Unser Baumhaus

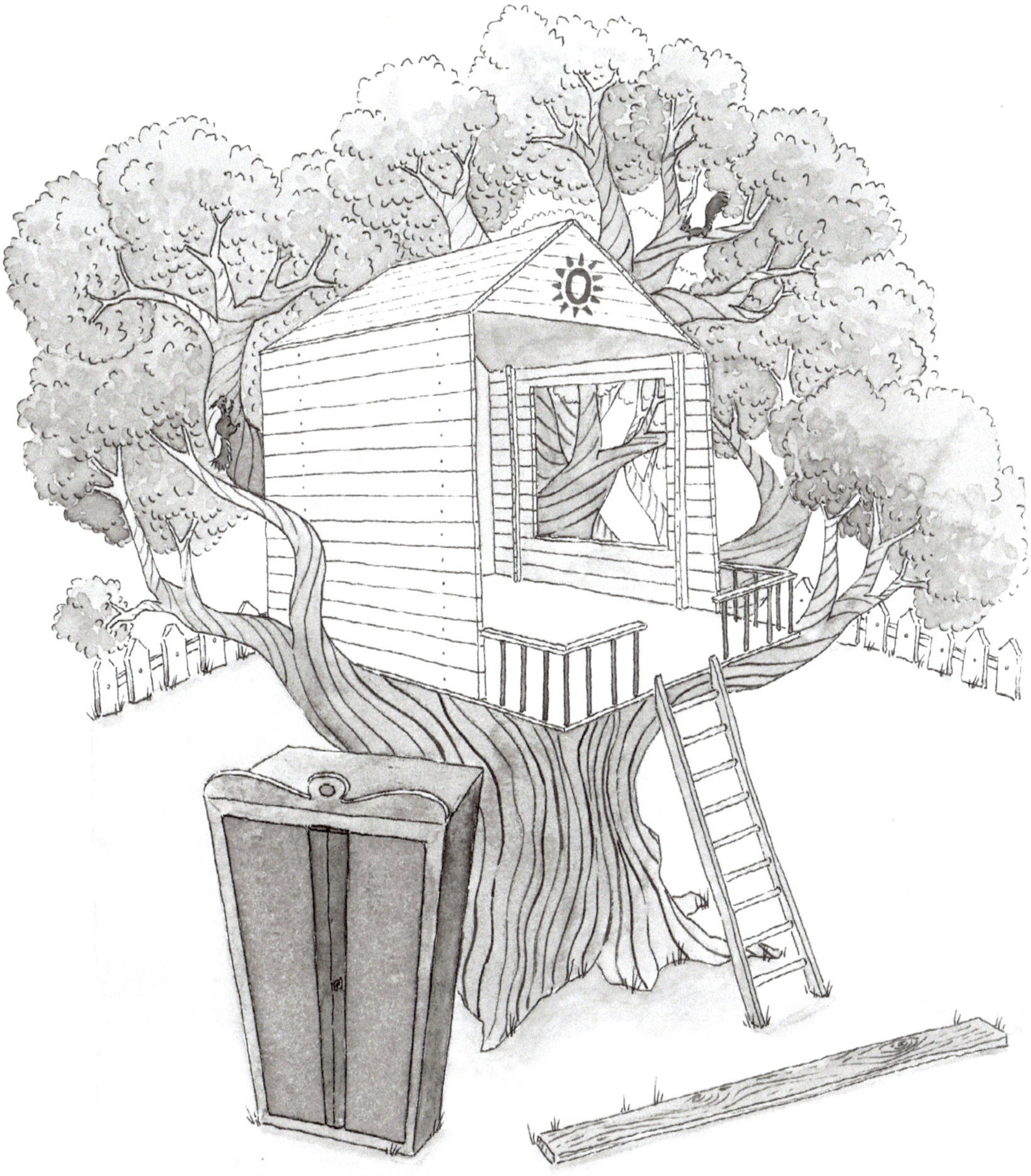

die Höhe
die Breite
die Tiefe

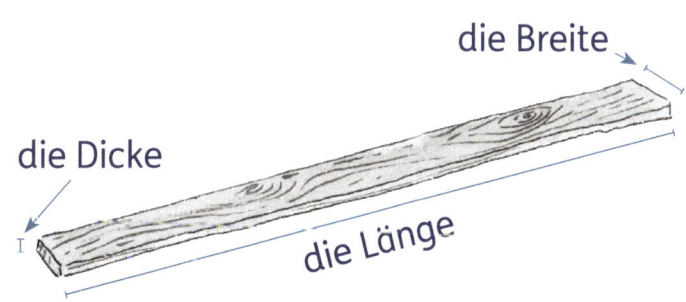

die Breite
die Dicke
die Länge

Unser Baumhaus

Nena, Huda, Almir und Tom bauen ein Baumhaus.
Die Seitenwand besteht aus 15 Brettern.
Die Bretter sind übereinander an die Latten genagelt.
Jedes Brett ist 1,90 m lang, 14 cm breit und 1,5 cm dick.
Mama will einen Schrank an die Seitenwand stellen.
Der Schrank ist 1 m breit, 1,80 m hoch und 60 cm tief.
Geht das?

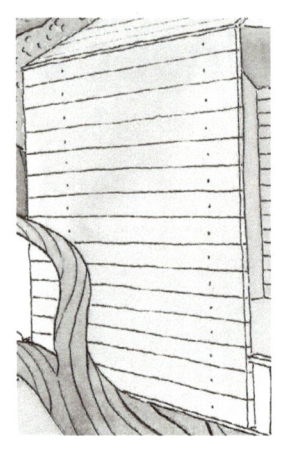

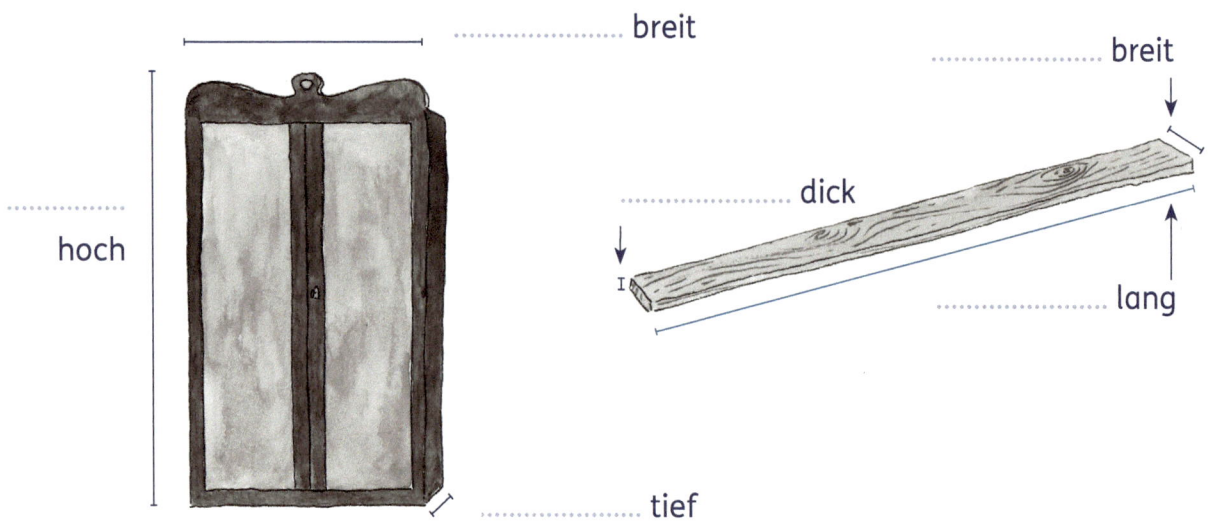

Ich rechne so:

Meine Antworten:

☐ Die Seitenwand ist _____ cm hoch.

☐ Nein, es geht nicht. Der Schrank ist höher.

☐ Ja, es geht. Der Schrank ist niedriger.

Unser Baumhaus

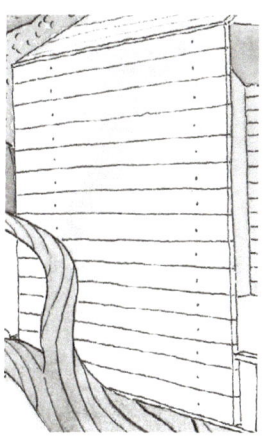

Nena, Huda, Almir und Tom bauen ein Baumhaus.
Die Seitenwand besteht aus 15 Brettern.
Die Bretter sind übereinander an die Latten genagelt.
Jedes Brett ist 1,90 m lang, 14 cm breit und 1,5 cm dick.
Mama will einen Schrank an die Seitenwand stellen.
Der Schrank ist 1 m breit, 1,80 m hoch und 60 cm tief.
Geht das?

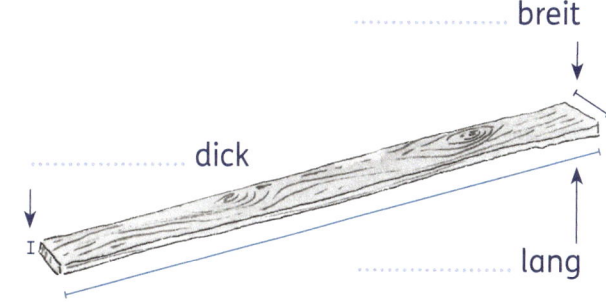

Ich rechne so:

Meine Antworten:
☐ Die Seitenwand ist _____ cm hoch.
☐ Ja, es geht. _____ .
☐ Nein, es geht nicht. _____ .

Welcher Satz passt? Schreibe die Sätze auf die passende Linie!

Der Schrank ist höher als die Seitenwand.
Der Schrank ist niedriger als die Seitenwand.

Unser Baumhaus

1| Nena, Huda, Almir und Tom haben im Garten ein Baumhaus gebaut. Toms Vater hat mitgeholfen. Für die Seitenwand haben sie 15 Bretter übereinander an die Latten genagelt. Jedes Brett ist 1,90 m lang, 14 cm breit und 1,5 cm dick. Nenas Mama will einen Schrank aus dem Keller an die Wand stellen. Der Schrank ist 1 m breit, 1,80 m hoch und 60 cm tief. Kann Mama den Schrank an die Wand stellen?

2| Nena und Huda wollen 2 Vorhänge für das Fenster in der Seitenwand nähen. Das Fenster ist 67 cm hoch und 49 cm breit. Huda hat noch ein 1,25 m langes und 50 cm breites Stoffstück zu Hause. Können Nena und Huda davon 2 Vorhänge nähen? Sind die Vorhänge lang genug für das Fenster?

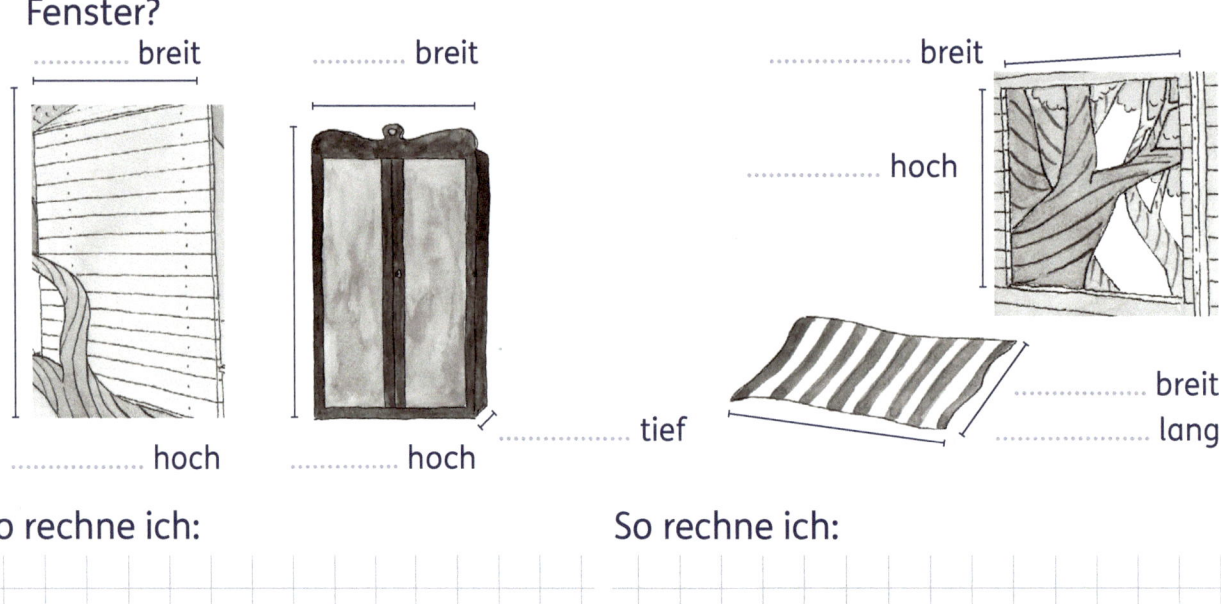

So rechne ich:

So rechne ich:

Antwort: _____

Antwort: _____

Unser Baumhaus

1| Nena, Huda, Almir und Tom haben im Garten von Nenas Eltern ein Baumhaus gebaut. Toms Vater hat ihnen dabei geholfen. Für die Seitenwand hat er mit Almir und Tom 15 Bretter übereinander an die Latten genagelt. Jedes Brett ist 1,90 m lang, 14 cm breit und 1,5 cm dick. Nenas Mama will wissen, ob die Wand so hoch ist, dass man den Schrank aus dem Keller ins Baumhaus stellen kann. Der Schrank ist 1 m breit, 1,80 m hoch und 60 cm tief. Geht das?

2| Nena und Huda wollen 2 Vorhänge für das Fenster in der Seitenwand nähen. Das Fenster ist 67 cm hoch und 49 cm breit. Huda hat noch ein 1,25 m langes und 50 cm breites Stoffstück zu Hause. Können Nena und Huda davon 2 Vorhänge nähen, die lang genug für das Fenster sind?

Meine Zeichnungen

Seitenwand: Schrank: Fenster: Stoffstück:

So rechne ich: So rechne ich:

Antwort: _____   Antwort: _____
weil _____   weil _____

ZAHLEN UND OPERATIONEN
Auf Klassenfahrt

In der zweiten Hälfte der Grundschulzeit werden die Lesetexte zunehmend länger und komplexer. Dies gilt auch für Textaufgaben, deren Gefüge zunehmend verschränkter werden. Sie beinhalten neben wichtigen Informationen oft auch Angaben, die für die Aufgabenlösung unwesentlich sind. Ein globales Verstehen reicht nicht mehr aus, um die Aufgaben lösen zu können. Damit die Kinder die Textaufgaben bearbeiten können, müssen sie den Text genau verstehen.

Besonders für Kinder zu Beginn des Zweitspracherwerbs sind die Rezeptionsprobleme durch bestmögliche Anpassung des Textes an den Entwicklungshorizont der Kinder sowie die Vorbereitung der Kinder auf den Text unabdingbar, um sie vom fachlichen Kompetenzaufbau nicht auszuschließen. Das bedeutet, die Textaufgabe so zu formulieren, dass die Schwierigkeiten des Textes in der Zone der proximalen Entwicklung liegen und damit von den Kindern mit Unterstützung erschließbar sind und gleichzeitig Anlässe für weitere Lernschritte bieten.

Das Trainieren von Texterschließungsstrategien auch im mathematischen Fachunterricht ist durchgängiges Unterrichtsprinzip.

Der folgende Baustein zeigt exemplarisch auf, wie Texte an den Sprachstand der Kinder angepasst werden können und wie die SuS zum systematischen, sinnentnehmenden Lesen angeleitet werden können. Die Kinder erfahren, wie Zusammenhänge und Bezüge innerhalb einer Textaufgabe strukturiert und sichtbar gemacht werden können. Sie trainieren das detaillierte Lesen und das Bewerten von Textaussagen nach deren Bedeutsamkeit.

Überblick über die Förderangebote

GESAMTE LERNGRUPPE
- Aktivierung des Vorwissens
- Einführung und Sicherung des Sachwortschatzes
- sprachlich vermittelte Informationen auf Richtigkeit überprüfen
- detailliertes Verstehen trainieren

Erzählen: Auf Klassenfahrt
Was stimmt? und

FÖRDERHORIZONT 1
- sinnentnehmendes Lesen
- Bearbeitungsstrategien kennenlernen
- Aussagen verifizieren bzw. falsifizieren
- Verstehenshilfen nutzen

 KV 1 Auf Klassenfahrt oder

FÖRDERHORIZONT 2
- sinnentnehmendes Lesen
- Bearbeitungsstrategien kennenlernen
- Aussagen verifizieren bzw. falsifizieren
- Verstehenshilfen nutzen
- Perfektklammer

 KV 2 Auf Klassenfahrt oder

FÖRDERHORIZONT 3
- sinnentnehmendes Lesen
- Bearbeitungsstrategien kennenlernen
- Aussagen verifizieren bzw. falsifizieren
- Verstehenshilfen nutzen
- wesentliche Textaussagen erkennen
- Inversionsstrukturen

 KV 3 Auf Klassenfahrt oder

FÖRDERHORIZONT 4
- sinnentnehmendes Lesen
- Bearbeitungsstrategien kennenlernen
- Aussagen verifizieren bzw. falsifizieren
- einen Text bildlich umsetzen
- das Anfertigen eigener Bilder als Verstehenshilfe erkennen
- wichtige Textaussagen erkennen

 KV 4 Auf Klassenfahrt oder

Wortschatz

NOMEN *Textaufgabe 1* die Klasse, die Klassenfahrt, die (Oster)Ferien, die Jugendherberge, das Mädchen, der Junge, das Kind, der Flur, das Bett, der Stock/das Stockwerk, das (Sechser)Zimmer, das (Vierer)Zimmer, das (Einzel)Zimmer, das (Doppel)Zimmer, die Lehrerin, der Lehrer …
Textaufgabe 2 das Wetter, die Wanderung, der Weg, der Kilometerzähler, die Strecke, der Abenteuerspielplatz, der (Märchen)See, die Erfrischung, die Kugel, das Eis, die Eisdiele, die Geldbörse (das Portemonnaie/der Geldbeutel), der Rucksack …

VERBEN *Textaufgabe 1* müssen, schlafen, sich etwas teilen, wohnen, bezahlen, belegen, übernachten, (mit)fahren …
Textaufgabe 2 bekommen, (zurück)laufen, geben, wandern, bezahlen, ausmessen, vergessen, gehen, holen …

ADJEKTIVE hoch, voll, froh, gut, arm …

SONSTIGE endlich, in, nach, denn, immer, alle, dass, insgesamt, nur, beide, sehr, dabei, damit, genau, zuerst, dann, unterwegs, danach, noch, dort, jedes/jeden, dafür, nur, bis, zu, weil, seine, leider, zurück …

PHRASEN auf (Klassen)Fahrt, ein bisschen Pech haben, voll belegt, am zweiten Tag, am Dienstag, zum Glück, noch einmal, wie viel kostet …

ANGEBOTE FÜR DIE GESAMTE LERNGRUPPE

Erzählen: Auf Klassenfahrt

MATERIAL/VORBEREITUNG Bildimpulse (z.B. Bilder von der eigenen Klassenfahrt, von der besuchten Jugendherberge, von Jugendherbergszimmern, Prospekte von möglichen Klassenfahrts- oder Ausflugszielen wie z.B. See, Ausflugsturm, Spielplatz, Eisdiele etc.)

DURCHFÜHRUNG Die Lehrkraft präsentiert die ausgewählten Bilder und die Kinder erzählen dazu.
Kinder auf den verschiedenen Förderhorizonten werden sich unterschiedlich äußern können: SuS auf Förderhorizont 1 benennen eher Gegenstände, Kinder auf Förderhorizont 2 können z.B. versprachlichen, was man auf Klassenfahrt alles tun kann. Kinder auf Förderhorizont 3 und 4 erzählen vielleicht schon kleine Erlebnisse. Die Lehrkraft beobachtet die Kinder in dieser Phase aufmerksam und unterstützt sie durch entsprechende Impulse.

Beispiele für einfache Fragen und Impulse (Förderhorizont 1 und 2):
„Was ist das?"
„Ist das ein Turm oder ein Haus?"
„Zeig mir …"
„Was kann man hier tun?"
„Was passiert hier?"
„Was willst du auf Klassenfahrt machen?"

Beispiele für anspruchsvollere Fragen und Impulse (Förderhorizont 3 und 4):
„Erzähle von einem Erlebnis!"
„Wie könnte es weitergehen?"
„Was ist dann passiert?"
„Warum …?"

Es empfiehlt sich, einen Wortspeicher anzulegen, den die Kinder später bei der Bearbeitung der Textaufgabe nutzen können. Hierfür werden die wesentlichen Begriffe z.B. an der Tafel oder auf einem Plakat gesammelt und dazu die Begriffe in den unterschiedlichen Herkunftssprachen der Kinder geschrieben.

TIPPS FÜR DIE WEITERARBEIT Die SuS schreiben Sätze zu den gesammelten Bildern.
Zur Unterstützung kann die Lehrkraft den Kindern an der Tafel Wörter vorgeben, die sie für die Bildung der Sätze verwenden können:
Beispiele: schlafen, essen, spielen, … die Kinder, die Mädchen, die Jungen, die Lehrer, … Zimmer, Bett, Spielplatz …
Gegebenenfalls kann die Lehrkraft den Kindern auf den verschiedenen Förderhorizonten entsprechende Satzmuster vorgeben:

Förderhorizont 1: Die Lehrerin schläft …; Die Kinder essen …; Der Turm ist braun. …; Das Kind wandert …
Förderhorizont 2: Das Kind will …; Das Kind kann …; Die Klasse muss …
Förderhorizont 3: Zuerst wollen die Kinder …; Dann …
Förderhorizont 4: Die Kinder freuen sich, weil …; Die Kinder wollen wissen, ob …

> Vor der Bearbeitung der Textaufgabe wird das **Vorwissen der Kinder aktiviert**, sodass das anschließende Textverstehen erleichtert wird. Die Begriffe, die für das Verständnis der Textaufgabe notwendig sind, werden als Wortspeicher bereitgestellt, damit die Kinder im Arbeitsprozess darauf zurückgreifen können. Einmalige Begegnungen mit neuen Begriffen reichen nicht aus, um sie nachhaltig abzuspeichern.

Was stimmt?

MATERIAL/VORBEREITUNG Bildimpulse (z.B. Bilder von der eigenen Klassenfahrt, von der besuchten Jugendherberge, von Jugendherbergszimmern, Prospekte von möglichen Klassenfahrts- oder Ausflugszielen wie z.B. See, Ausflugsturm, Spielplatz, Eisdiele etc.)

DURCHFÜHRUNG Die Lehrkraft formuliert zu den Bildern Sätze, die entweder zum Bildinhalt passen oder in denen kleine inhaltliche Fehler enthalten sind. Die Kinder müssen entscheiden, ob der Satz stimmt (Förderhorizont 1) bzw. welcher der Sätze stimmt. Um die Sätze an das jeweilige Sprachprofil der Kinder anpassen zu können, werden sprachhomogene Paare gebildet, denen die Lehrkraft nacheinander ihrem Förderhorizont entsprechende „Was stimmt?"-Aufgaben stellt. Wenn das Paar die Aufgabe richtig löst, kann es einen Punkt sammeln.

Aufgaben für Förderhorizont 1:
Die Lehrkraft formuliert einfache Aussagesätze zu den Bildern.
Beispiele:
„Das Kind spielt Ball. Stimmt das?"
„6 Betten stehen im Zimmer. Stimmt das?"
Die Kinder entscheiden, ob der Satz stimmt oder nicht.

Aufgaben für Förderhorizont 2:
Die Lehrkraft formuliert Sätze mit Klammerstrukturen.
Beispiele:
„Was stimmt? Das Kind wirft den Ball hoch. Das Kind lässt den Ball fallen."
„Was stimmt? 2 Jungen steigen in den Bus ein. 3 Jungen steigen in den Bus ein."
Die Kinder entscheiden, welcher Satz stimmt, und wiederholen den passenden Satz.

Aufgaben für Förderhorizont 3:
Die Lehrkraft formuliert Sätze mit Inversionsstrukturen.
Beispiele:
„Was stimmt? Hier stehen 6 Betten in einem Zimmer. Hier stehen 3 Hochbetten in einem Zimmer."
„Was stimmt? In der Jugendherberge schlafen die Kinder in Einzelzimmern. In der Jugendherberge schlafen die Kinder gemeinsam in einem Zimmer."
Die Kinder entscheiden, welcher Satz stimmt, und wiederholen den passenden Satz.

Aufgaben für Förderhorizont 4:
Die Lehrkraft formuliert komplexe Sätze im unpersönlichen Stil oder mit Nebensätzen.
Beispiele:
„Was stimmt? Es gibt in der Jugendherberge auch Sechserzimmer. Es gibt in der Jugendherberge keine Sechserzimmer."
„Was stimmt? Hier sieht man, dass es Kleiderhaken auf dem Flur gibt. Hier sieht man, dass es ein Schuhregal auf dem Flur gibt."
Die Kinder entscheiden, welcher Satz stimmt, und wiederholen den passenden Satz.

> Durch dieses Spiel werden die Kinder auf eine wichtige Strategie zur Erschließung von Textaufgaben vorbereitet. Neben der Schulung des Hörverstehens und dem Training der auditiven Merkfähigkeit wird die Aufmerksamkeit der Kinder darauf gelenkt, **sprachliche Informationen mit parallelen Informationen in Bezug zu setzen,** nicht Verstandenes durch den weiteren Input (Bilder, Gesten …) zu erschließen und auf Richtigkeit zu überprüfen. Das Anbieten ähnlicher Sätze fordert von den Kindern das Achten auf Details und die Überprüfung der gegebenen Informationen. Übungen wie diese veranschaulichen den SuS, dass ein globales, ungefähres Verstehen nicht ausreicht, um Textaufgaben bearbeiten zu können.

ANGEBOT FÜR FÖRDERHORIZONT 1–4

Nachdem die Bearbeitung der Textaufgabe vorbereitet wurde, erhalten die Kinder ihrem Förderhorizont entsprechend die KVs mit der teilweise stark vereinfachten Textaufgabe. Zuvor erinnert die Lehrkraft an die in der Klasse besprochenen Lesestrategien. Diese Tipps können zur Absicherung an der Tafel visualisiert werden (vgl. auch S. 51 und 74).

Beispiel für einen Tafelanschrieb:

> Lies die Textaufgabe und die Fragen genau durch. Was kannst du tun, wenn du etwas nicht verstehst?
> Betrachte die Bilder genau. Benutze unsere Wörterliste.
> Du verstehst trotzdem nicht alles? Unterstreiche die Wörter, die du nicht verstehst. Schlage die Wörter im Wörterbuch nach. Frage andere Kinder oder deine Lehrerin/deinen Lehrer!

Nach dem Lesen der Textaufgabe überprüfen die Kinder, was sie verstanden haben. Dazu bearbeiten sie das Multiple-Choice-Angebot auf den KVs. Zur Überprüfung hängt die Lehrkraft ein Lösungsblatt zur Selbstkontrolle an einen vereinbarten Platz.

ANGEBOT FÜR FÖRDERHORIZONT 1

 KV 1 Auf Klassenfahrt 👥 **oder** 👤

DURCHFÜHRUNG Nach der Bearbeitung der Multiple-Choice-Aufgaben auf KV 1 unterstreichen die Kinder die erste Frage zur Textaufgabe und markieren dazu die passenden Informationen im Text. Anschließend führen sie die Rechnung zur Aufgabe aus und ergänzen den vorgegebenen Antwortsatz.

LÖSUNG KV 1: 4 x 4 = 16; 3 x 5 = 15; 16 + 15 = 31; 31 Mädchen fahren mit.; 16 : 6 = 2 R 4; Die Jungen brauchen 3 Zimmer.

TIPP FÜR DIE WEITERARBEIT Nach dem Beispiel von KV 1 kann auch folgende weiterführende Aufgabe bearbeitet werden:

> Die Klassen wandern am Dienstag.
> Die Kinder laufen 2,1 km bis zum Abenteuerspielplatz.
> Die Kinder laufen dann 4,7 km bis zum Märchensee.
> Jedes Kind bekommt zwei Kugeln Eis. Herr Meier bezahlt 75,20 €.
> Die Kinder laufen 1225 m bis zur Jugendherberge.
> Herr Meier vergisst seine Geldbörse. Er läuft zur Eisdiele. Er holt seine Geldbörse.

Mögliche Fragen:
Wie viele Kilometer laufen die Kinder?
Wie viele Kilometer läuft Herr Meier?
Wie viel kostet eine Kugel Eis?

Was stimmt? Kreuze an!
☐ Die Klassen wandern am Montag.
☐ Die Kinder laufen 4,7 km bis zum Abenteuerspielplatz.
☐ Die Kinder laufen 4,7 km bis zum Märchensee.
☐ Jedes Kind bekommt drei Kugeln Eis.
☐ Jedes Kind bekommt zwei Kugeln Eis.
☐ Das Eis kostet 75,20 €.
☐ Die Kinder laufen 1000 m bis zur Jugendherberge.
☐ Herr Meier holt seine Geldbörse. Er läuft zum Märchensee.
☐ Herr Meier holt seine Geldbörse. Er läuft zum Abenteuerspielplatz.
☐ Herr Meier holt seine Geldbörse. Er läuft zur Eisdiele.

Vor der Bearbeitung der Ankreuzaufgaben erarbeitet die Lehrkraft mit den Kindern ein Tafelbild, das die Wanderwege visualisiert und in das die jeweiligen Wanderziele eingezeichnet werden. Das Tafelbild kann von den Kindern als Verstehenshilfe herangezogen werden. So können die Kinder nachvollziehen, welche Strecken die Klassen und Herr Meier gewandert sind.

💬 Die Kinder auf Förderhorizont 1 erhalten einen stark gekürzten Text mit Konzentration auf die Kerninformationen, einfachen Satzstrukturen und einem kaum verschränkten Textgefüge. Das **Nutzen von Bildern und Skizzen als Verstehenshilfe** wird trainiert. Die Strukturen der Fragen ähneln den Antwortsätzen und geben so Muster zur Beantwortung der Fragen vor. Das strategische Bearbeiten von Textaufgaben wird gefördert.

ANGEBOT FÜR FÖRDERHORIZONT 2

 KV 2 Auf Klassenfahrt 👥 **oder** 👤

DURCHFÜHRUNG Nach der Bearbeitung der Multiple-Choice-Aufgaben auf KV 2 unterstreichen die Kinder die erste Frage zur Textaufgabe und markieren dazu die passenden Informationen im Text. Anschließend führen sie die Rechnung zur Aufgabe aus und ergänzen den vorgegebenen Antwortsatz.

LÖSUNG KV 2: 4 x 4 = 16; 3 x 5 = 15; 16 + 15 = 31; 31 Mädchen sind mitgefahren.; 16 : 6 = 2 R 4; Die Jungen haben in 3 Zimmern geschlafen.

TIPP FÜR DIE WEITERARBEIT Nach dem Beispiel von KV 2 kann auch folgende weiterführende Aufgabe bearbeitet werden:

> Die Klassen haben am Dienstag eine Wanderung gemacht.
> Die Kinder sind 2,1 km bis zum Abenteuerspielplatz gelaufen.
> Sie sind dann noch 4,7 km bis zum Märchensee gewandert.
> Jedes Kind hat 2 Kugeln Eis bekommen. Herr Meier hat 75,20 € bezahlt.
> Die Kinder sind dann 1225 m bis zur Jugendherberge gelaufen.
> Herr Meier hat seine Geldbörse in der Eisdiele vergessen. Er musste zur Eisdiele gehen und seine Geldbörse holen.

AUF KLASSENFAHRT

Mögliche Fragen:
Wie viele Kilometer sind die Kinder gelaufen?
Wie viele Kilometer ist Herr Meier gelaufen?
Wie viel hat eine Kugel Eis gekostet?

Was stimmt? Kreuze an!
☐ Die Klassen haben am Montag eine Wanderung gemacht.
☐ Die Kinder sind 4,7 km bis zum Abenteuerspielplatz gelaufen.
☐ Die Kinder sind 4,7 km bis zum Märchensee gelaufen.
☐ Jedes Kind hat 3 Kugeln Eis bekommen.
☐ Jedes Kind hat 2 Kugeln Eis bekommen.
☐ Das Eis hat 75,20 Euro gekostet.
☐ Die Kinder sind dann 1000 m bis zur Jugendherberge gelaufen.
☐ Herr Meier ist zum Märchensee zurückgelaufen.
☐ Herr Meier ist zum Abenteuerspielplatz zurückgelaufen.
☐ Herr Meier ist zur Eisdiele zurückgelaufen.
☐ Herr Meier muss seine Geldbörse holen.

Vor der Bearbeitung der Ankreuzaufgaben erarbeitet die Lehrkraft mit den Kindern ein Tafelbild, das die Wanderwege visualisiert und in das die jeweiligen Wanderziele eingezeichnet werden. Das Tafelbild kann von den Kindern als Verstehenshilfe herangezogen werden. So können die Kinder nachvollziehen, welche Strecken die Klassen und Herr Meier gewandert sind.

> Der Text für die Kinder auf Förderhorizont 2 steht im Perfekt und liefert den Kindern viele Beispiele für die **Bildung der Perfektklammer**. Der Text konzentriert sich auf die zur Lösung der Aufgabe relevanten Kerninformationen. Das Nutzen von Bildern und Skizzen als Verstehenshilfe wird trainiert. Die Strukturen der Fragen ähneln den Antwortsätzen und geben so Muster zur Beantwortung der Fragen vor. Das strategische Bearbeiten von Textaufgaben wird gefördert.

ANGEBOT FÜR FÖRDERHORIZONT 3

KV 3 Auf Klassenfahrt oder

DURCHFÜHRUNG Nach der Bearbeitung der Multiple-Choice-Aufgaben auf KV 3 unterstreichen die Kinder die erste Frage zur Textaufgabe und markieren dazu die passenden Informationen im Text. Anschließend führen sie die Rechnung zur Aufgabe aus und ergänzen einen Antwortsatz im Heft.

LÖSUNG KV 3: 4 × 4 = 16; 3 × 5 = 15; 16 + 15 = 31; Es sind 31 Mädchen mitgefahren.; 16 : 6 = 2 R 4; Die Jungen haben 3 Zimmer belegt.

TIPP FÜR DIE WEITERARBEIT Nach dem Beispiel von KV 3 kann auch folgende weiterführende Aufgabe bearbeitet werden:

> Am zweiten Tag hat die Klasse 3a eine Wanderung gemacht.
> Jonas hatte seinen Kilometerzähler dabei und hat den Weg ausgemessen.
> Zuerst mussten die Kinder 2,1 km bis zum Abenteuerspielplatz wandern.
> Danach sind sie noch 4,7 km zum Märchensee gewandert.
> Dort gab es für jedes Kind zwei Kugeln Eis. Herr Meier musste dafür 75,20 € bezahlen.
> Dann waren es nur noch 1225 m bis zur Jugendherberge.
> Aber der arme Herr Meier musste noch einmal zurück zur Eisdiele gehen. Er hatte dort seine Geldbörse vergessen.

Mögliche Fragen:
Wie lang war die Wanderung der Klasse?
Wie viele Kilometer ist Herr Meier insgesamt gelaufen?
Wie viel hat eine Kugel Eis gekostet?

Was stimmt? Kreuze an!
☐ Am ersten Tag haben die Klassen eine Wanderung gemacht.
☐ Bis zum Abenteuerspielplatz mussten die Kinder 4,7 km laufen.
☐ Vom Abenteuerspielplatz bis zum Märchensee waren es 4,7 km.
☐ Dort hat jedes Kind 3 Kugeln Eis bekommen.
☐ In der Eisdiele hat jedes Kind 2 Kugeln Eis bekommen.
☐ Insgesamt hat das Eis 75,20 € gekostet.
☐ Zum Schluss mussten die Kinder noch 1000 m bis zur Jugendherberge laufen.
☐ Leider musste Herr Meier noch einmal zum Märchensee zurücklaufen.
☐ Der arme Herr Meier musste noch einmal zum Abenteuerspielplatz zurücklaufen.
☐ Herr Meier musste in der Eisdiele seine Geldbörse holen.
☐ Herr Meier hatte in der Eisdiele seinen Rucksack vergessen.

Vor der Bearbeitung der Ankreuzaufgaben erarbeitet die Lehrkraft mit den Kindern ein Tafelbild, das die Wanderwege visualisiert und in das die jeweiligen

Wanderziele eingezeichnet werden. Das Tafelbild kann von den Kindern als Verstehenshilfe herangezogen werden. So können die Kinder nachvollziehen, welche Strecken die Klassen und Herr Meier gewandert sind.

💬 Kinder auf Förderhorizont 3 bearbeiten einen längeren Text mit Inversionsstrukturen, in dem neben den relevanten Kerninformationen weitere Informationen enthalten sind, die zur Bearbeitung der Aufgabe nicht wichtig sind. Die Kinder müssen **zwischen wesentlichen und unwesentlichen Informationen unterscheiden**. Die Überprüfung der Aussagen zum Text und der Auftrag, die Textteile zu unterstreichen, die zur Frage passen, fokussieren die Aufmerksamkeit der SuS auf die Bewertung der Textstellen nach deren Bedeutsamkeit.

ANGEBOT FÜR FÖRDERHORIZONT 4

KV 4 Auf Klassenfahrt 👥👥 oder 👥

DURCHFÜHRUNG Nach der Bearbeitung der Multiple-Choice-Aufgaben auf KV 4 erhalten die Kinder den Auftrag, die passenden Informationen im Text zu markieren und eine Skizze/ein Bild zur Zimmerverteilung in der Jugendherberge zu zeichnen. Danach führen sie die Rechnungen zu den Aufgaben aus und ergänzen die Antwortsätze.

LÖSUNG KV 4: 4 x 4 = 16; 3 x 5 = 15; 16 + 15 = 31; Insgesamt sind 31 Mädchen mitgefahren.; 16 : 6 = 2 R 4; Die Jungen haben 3 Zimmer belegt, weil 16 Jungen nicht in 2 Sechserzimmer passen.

TIPP FÜR DIE WEITERARBEIT Nach dem Beispiel von KV 4 kann auch folgende weiterführende Aufgabe bearbeitet werden:

> Am zweiten Tag waren die beiden Klassen bei sehr gutem Wetter wandern. Jonas hatte seinen Kilometerzähler dabei und hat damit die Strecke genau ausgemessen. Zuerst waren die Kinder 2,1 km bis zum Abenteuerspielplatz unterwegs. Danach sind sie noch 4,7 km bis zum Märchensee gewandert. Dort gab es als Erfrischung für jedes Kind zwei Kugeln Eis. Herr Meier musste dafür 75,20 € bezahlen. Zum Glück waren es dann nur noch 1225 m bis zur Jugendherberge. Aber der arme Herr Meier musste noch einmal zurück zur Eisdiele gehen, weil er dort seine Geldbörse vergessen hatte.

Mögliche Fragen:
Wie lang war die Wanderung der Klasse?
Wie viele Kilometer musste Herr Meier laufen?
Wie viel hat eine Kugel Eis gekostet?

Was stimmt? Kreuze an!
☐ Am ersten Tag haben die Klassen eine Wanderung gemacht.
☐ Bis zum Abenteuerspielplatz mussten die Kinder 4,7 km laufen.
☐ Vom Abenteuerspielplatz bis zum Märchensee waren es 4,7 km.
☐ Dort hat jedes Kind 3 Kugeln Eis bekommen.
☐ In der Eisdiele hat jedes Kind 2 Kugeln Eis bekommen.
☐ Insgesamt hat das Eis 75,20 € gekostet.
☐ Zum Schluss mussten die Kinder noch 1000 m bis zur Jugendherberge laufen.
☐ Leider musste Herr Meier noch einmal zum Märchensee zurücklaufen, weil er seine Geldbörse vergessen hatte.
☐ Der arme Herr Meier musste noch einmal zum Abenteuerspielplatz zurücklaufen, weil er seinen Rucksack vergessen hatte.
☐ Herr Meier musste noch einmal zur Eisdiele zurücklaufen, weil er dort seine Geldbörse holen musste.

💬 Die Kinder auf Förderhorizont 4 bearbeiten den komplexesten Text mit Nebensatzgefügen und einem verschränkten Textgefüge. Die **Erarbeitung eines Bildes zur Textaufgabe** erfordert die gezielte Entnahme von Informationen und zeigt den Kindern damit eine weitere Strategie zur Bearbeitung von Textaufgaben auf.

Auf Klassenfahrt

**Zwei Klassen sind in der Jugendherberge.
Die Mädchen schlafen in 4 Viererzimmern und 3 Sechserzimmern.
Die Viererzimmer sind voll. 5 Mädchen schlafen in jedem Sechserzimmer.**

Frage 1: Wie viele Mädchen fahren mit?
Antwort 1: ___ Mädchen fahren mit.

Die 16 Jungen schlafen in Sechserzimmern.

Frage 2: Wie viele Zimmer brauchen die Jungen?
Antwort 2: Die Jungen brauchen ___ Zimmer.

1| **Was stimmt? Kreuze an!**

- ☐ Im Viererzimmer stehen 4 Betten.
- ☐ 4 Mädchen schlafen im Viererzimmer.
- ☐ 3 Mädchen schlafen im Viererzimmer.
- ☐ Im Sechserzimmer stehen 6 Betten.
- ☐ 6 Mädchen schlafen im Sechserzimmer.
- ☐ 5 Mädchen schlafen im Sechserzimmer.
- ☐ 16 Jungen fahren mit.
- ☐ Die Jungen schlafen in Viererzimmern.

2| **Unterstreiche die erste Frage rot.
Unterstreiche in der Geschichte alle notwendigen Informationen.
Rechne in deinem Heft! Ergänze den Antwortsatz.
Bearbeite die zweite Frage!**

Auf Klassenfahrt

Die Klassen 3a und 3b sind auf Klassenfahrt gewesen. Sie haben in der Jugendherberge gewohnt.
Die Mädchen haben im 1. Stock geschlafen. Die Mädchen haben in 3 Sechserzimmern und 4 Viererzimmern geschlafen. Die Viererzimmer waren voll. In den Sechserzimmern haben immer 5 Mädchen geschlafen.

Frage 1: Wie viele Mädchen sind mitgefahren?
Antwort 1: ___ Mädchen sind mitgefahren.

Die 16 Jungen haben im 2. Stock in Sechserzimmern geschlafen.

Frage 2: In wie vielen Zimmern haben die Jungen geschlafen?
Antwort 2: Die Jungen haben _____.

1| **Was stimmt? Kreuze an!**

☐ Die Klassen 3a und 3b haben in der Jugendherberge gewohnt.
☐ Die Mädchen haben im 2. Stock gewohnt.
☐ Die Mädchen haben in Viererzimmern und Sechserzimmern gewohnt.
☐ 4 Mädchen haben in einem Viererzimmer geschlafen.
☐ 6 Mädchen haben in einem Sechserzimmer geschlafen.
☐ 16 Jungen sind mitgefahren.
☐ Die Jungen haben in Sechserzimmern geschlafen.

2| **Unterstreiche die erste Frage rot. Unterstreiche in der Geschichte alle notwendigen Informationen dazu.
Rechne in deinem Heft! Ergänze den Antwortsatz.
Bearbeite die zweite Frage genauso!**

Auf Klassenfahrt

Die Klassen 3a und 3b waren nach den Osterferien auf Klassenfahrt. In der Jugendherberge waren die Mädchenzimmer im 1. Stock. Die Jungen haben im 2. Stock geschlafen.

Auf dem Mädchenflur gab es drei Sechserzimmer und vier Viererzimmer. Die Viererzimmer waren alle voll belegt. In den Sechserzimmern haben jeweils 5 Mädchen geschlafen.

Die zwei Lehrerinnen hatten zwei Einzelzimmer auf dem Mädchenflur. Die beiden Lehrer mussten sich ein Doppelzimmer auf dem Jungenflur teilen.

Insgesamt waren 16 Jungen mit auf Klassenfahrt. Auf dem Jungenflur gab es nur Sechserzimmer.

Frage 1: Wie viele Mädchen sind mit auf Klassenfahrt gefahren?

Frage 2: Wie viele Zimmer haben die Jungen belegt?

1 | Was stimmt? Kreuze an!
- [ ] Die Klassen 3a und 3b waren vor den Osterferien auf Klassenfahrt.
- [ ] Dort haben die Mädchen im 2. Stock geschlafen.
- [ ] Es haben jeweils 4 Mädchen in einem Viererzimmer geschlafen.
- [ ] Es haben jeweils 6 Mädchen in einem Sechserzimmer geschlafen.
- [ ] Auch die Lehrerinnen haben in den Viererzimmern geschlafen.
- [ ] Auf dem Mädchenflur hatten die Lehrerinnen zwei Einzelzimmer.
- [ ] Es sind 16 Jungen mitgefahren.
- [ ] Im 2. Stock haben die Jungen in Sechserzimmern geschlafen.
- [ ] Die beiden Lehrer haben im Doppelzimmer geschlafen.

2 | Unterstreiche die Fragen rot. Unterstreiche in der Geschichte alle notwendigen Informationen dazu.
Rechne in deinem Heft! Schreibe die Antwortsätze auf.

Auf Klassenfahrt

Die Klassen 3a und 3b waren nach den Osterferien endlich auf Klassenfahrt.

In der Jugendherberge haben die Mädchen einen Flur im ersten Stock bekommen. Die Jungen hatten ein bisschen Pech, denn sie mussten immer hoch in den zweiten Stock laufen. Auf dem Mädchenflur gab es drei Sechserzimmer und vier Viererzimmer. Die Viererzimmer waren alle voll belegt. Die Mädchen waren froh, dass in den Sechserzimmern immer nur fünf Mädchen schlafen mussten. Sie hatten dadurch mehr Platz. Die Lehrerinnen hatten zwei Einzelzimmer auf dem Mädchenflur. Die beiden Lehrer mussten sich ein Doppelzimmer auf dem Jungenflur teilen.

Insgesamt waren 16 Jungen mit auf Klassenfahrt. Auf dem Jungenflur gab es nur Sechserzimmer.

    Wie viele Mädchen sind mitgefahren?

    Wie viele Zimmer haben die Jungen belegt?

1| **Was stimmt? Kreuze an!**
- [ ] Die Klassen 3a und 3b waren vor den Osterferien auf Klassenfahrt.
- [ ] Dort haben die Mädchen im 2. Stock geschlafen.
- [ ] Die Mädchen haben in Viererzimmern und Sechserzimmern gewohnt.
- [ ] Es haben immer 4 Mädchen in einem Viererzimmer geschlafen.
- [ ] Es haben immer 6 Mädchen in einem Sechserzimmer geschlafen.
- [ ] Auch die Lehrerinnen haben in den Viererzimmern geschlafen.
- [ ] Auf dem Mädchenflur hatten die Lehrerinnen zwei Einzelzimmer.
- [ ] Es sind 16 Jungen mitgefahren.
- [ ] Im 2. Stock haben die Jungen in Sechserzimmern geschlafen.
- [ ] Es waren 4 Lehrerinnen dabei.
- [ ] Es waren 2 Lehrer dabei.
- [ ] Die beiden Lehrer haben im Doppelzimmer geschlafen.

2| **Alles richtig? Prima!**
Zeichne ein Bild von den beiden Stockwerken in der Jugendherberge!
Rechne beide Aufgaben in deinem Heft! Schreibe die Antwortsätze dazu.

DATEN, HÄUFIGKEIT, WAHRSCHEINLICHKEIT
Sportwettkampf

Text- und Sachaufgaben haben viele Erscheinungsbilder. Nur zum Teil werden die Aufgaben als ausschließlich linearer Text präsentiert. Die Informationen zur Lösung von Text- und Sachaufgaben müssen oft einer Kombination aus linearen und nichtlinearen Texten wie Tabellen, Diagrammen oder Schaubildern entnommen werden.

Um über die Daten in einer Tabelle sprechen und sie vergleichen zu können, ist ein spezifischer Wortschatz Voraussetzung. Die SuS müssen die einzelnen Elemente eines Tabellenrasters bezeichnen können. Um Vergleiche anstellen zu können, benötigen sie Adjektive mit ihren Steigerungsformen.

Hier müssen viele Regeln erworben werden (u. a. regelmäßige und unregelmäßige Steigerung, Verbindung des Komparativs durch das Verbindungswort „als" mit dem Vergleichsobjekt).

Stehen Adjektive vor Nomen, sind sie Teil der Nominalgruppen und müssen dekliniert werden – Artikel, Adjektiv und Nomen müssen grammatisch übereinstimmen (der große Kasten – den großen Kasten). Sätze mit Adjektiven und ihren Steigerungsformen spielen im Mathematikunterricht eine wichtige Rolle und sollten in der Förderung regelmäßig berücksichtigt werden (siehe auch Seite 71).

In einem zeitgemäßen Mathematikunterricht werden die SuS mit zunehmend stärker geöffneten Aufgabenformaten konfrontiert. Textaufgaben ohne vorgegebene Fragen lassen sich den geöffneten Aufgabenformaten zuordnen. Dabei müssen die Kinder mehrere Anforderungen bewältigen: Sie müssen zuerst passende Fragen zu einem Text oder Sachverhalt formulieren. Dann müssen sie die im Text dargestellte Sachsituation auf dem Hintergrund der Frage und unter Berücksichtigung der Angaben in einer Rechenaufgabe verarbeiten. Am Ende sollen sie noch eine Antwort zur gestellten Frage formulieren.

Das Formulieren passender Fragen zu Textaufgaben setzt zunächst einmal das genaue Verstehen des Textes und des Sachverhalts voraus. Dazu gehört auch das Verständnis der Fragewörter, die ebenfalls im Unterricht gesichert werden sollten.

Überblick über die Förderangebote

GESAMTE LERNGRUPPE

- Einführung des relevanten Wortschatzes
- Adjektive steigern
- über Daten in einer Tabelle sprechen
- Fragewörter verstehen
- das Verständnis für den Begriff „Durchschnitt" sichern

Trainieren für den Sportwettkampf

KV 1 Adjektiv-Terzett

KV 2 Mit einer Tabelle umgehen: Trainingsergebnisse der Klasse 4c und

Durchschnittsberechnungen

FÖRDERHORIZONT 1

- Gebrauch der neuen Begriffe in einfachen Sätzen
- Fragemuster
- Fragen und Antworten formulieren
- Lösungen erklären und begründen

KV 2, KV 3 Sportwettkampf oder

KV 2, KV 3 Sportwettkampf: Think – Pair – Share , und

FÖRDERHORIZONT 2

- Gebrauch der neuen Begriffe in Sätzen mit Klammerstruktur
- Fragemuster
- Fragen und Antworten formulieren
- Lösungen erklären und begründen

KV 2, KV 4 Sportwettkampf oder

KV 2, KV 4 Sportwettkampf: Think – Pair – Share , und

FÖRDERHORIZONT 3

- Inversion
- Fragemuster
- Fragen und Antworten formulieren
- Lösungen erklären und begründen

KV 2, KV 5 Sportwettkampf oder

KV 2, KV 5 Sportwettkampf: Think – Pair – Share , und

FÖRDERHORIZONT 4

- Nebensätze
- Fragemuster
- Fragen und Antworten formulieren
- Lösungen erklären und begründen

KV 2, KV 6 Sportwettkampf oder

KV 2, KV 6 Sportwettkampf: Think – Pair – Share , und

Wortschatz

NOMEN die Überschrift, die Spalte, die Reihe, der Junge, das Mädchen, die Klasse, der (Sport)Wettkampf, der (50-m-)Lauf, der Weitsprung, der Hochsprung, die Tabelle, die Reihe, die Spalte, die Überschrift, das Feld, der Durchschnitt, der Mittelwert, das Ergebnis, die Sekunde, der Meter, die Stoppuhr, das Metermaß, das Auto, die Schnecke, die Frau, der Stift, der Ball, der Tisch …

VERBEN fahren, kriechen, werfen, (weit)springen, hochspringen, laufen, finden, trainieren, üben, messen, addieren, aufschreiben, zeichnen, feststellen, entscheiden, überlegen, aussuchen …

ADJEKTIVE schnell, langsam, weit, kurz, kürzer, am kürzesten, hoch, höher, am höchsten, niedrig, sportlich, alt, durchschnittlich, fleißig, erfolgreich …

SONSTIGE Wer?, Wie schnell?, Wie weit?, Wie hoch?, Welcher? Welches?, Wo? …

PHRASEN die Zeit stoppen, höher als, weiter als …

INTERFERENZEN

die Spalte → etwas ist in eine Spalte gefallen
das Ergebnis → das Rechenergebnis
Durchschnitt → etwas durchschneiden

ANGEBOTE FÜR DIE GESAMTE LERNGRUPPE

Trainieren für den Sportwettkampf

MATERIAL/VORBEREITUNG Bilder von verschiedenen Leichtathletikdisziplinen (Laufdisziplinen, Weitsprung, Hochsprung, evtl. auch Fotos aus dem Sportunterricht der Klasse) oder Durchführung einer Realbegegnung (fächerübergreifend), Wortkarten (50-m-Lauf, Weitsprung, Hochsprung, Wie schnell? Wie weit?, Sekunde, Meter), Stoppuhr, Metermaß

DURCHFÜHRUNG Bevor sich die Lerngruppe mit der Tabelle von KV 2 beschäftigt, führt die Lehrkraft ein Gespräch mit den Kindern über die verschiedenen Leichtathletikdisziplinen. Dazu kann sie die vorbereiteten Bilder als stummen Impuls einsetzen. Zur weiteren Unterstützung der Kinder kann sie bei Bedarf die Wortkarten verwenden. Die Kinder berichten von ihren Erfahrungen, benennen die Sportarten und beschreiben, wie die Ergebnisse in der jeweiligen Disziplin gemessen werden.
Dabei unterstützt sie die Lehrkraft durch Fragen und Impulse, die dem jeweiligen Förderhorizont entsprechen.

Beispiele für einfache Fragen und Impulse (Förderhorizont 1 und 2):
„Hast du schon für den 50-m-Lauf geübt?"
„Kannst du hoch springen?"
„Zeig mir, wie weit du springen kannst!"

Beispiele für anspruchsvollere Fragen und Impulse (Förderhorizonte 3 und 4):
„Wie stellt man fest, wie schnell ein Kind gelaufen ist? Beschreibe!"
„Wie misst man, wie weit ein Kind gesprungen ist?"
„Worauf musst du beim Weitsprung achten?"

TIPP FÜR DIE WEITERARBEIT Zur Sicherung des eingeführten Wortschatzes kann ein Scharadespiel angeschlossen werden. Dazu schreibt die Lehrkraft Begriffe oder kleine Sätze zum Thema auf Zettel und lässt die Kinder einen der Begriffe ziehen. Jedes Kind muss den Mitspielern seinen Begriff/seinen Spielsatz pantomimisch darstellen, bis diese den Begriff/den Spielsatz erraten haben.
Beispiele für Spielbegriffe/Spielsätze:
die Stoppuhr
das Metermaß
die Laufbahn
der Absprung
… springt hoch.
… läuft schnell.
… stoppt die Zeit.

> Um die in einer Tabelle gesammelten Daten verstehen, vergleichen, interpretieren und versprachlichen zu können, muss der **grundlegende Wortschatz eingeführt bzw. gesichert** werden. Der Zugang zur Textaufgabe bleibt den Kindern versperrt, wenn die außermathematischen Begriffe und Sachverhalte nicht geklärt werden.

KV 1 Adjektiv-Terzett

MATERIAL/VORBEREITUNG KV 1 auf DIN A3 vergrößern und auf Pappe kopieren, die einzelnen Terzettkarten ausschneiden, zusätzlich Wort- und Bildkarten für die Tafel vorbereiten (Wortkarten: schnell, schneller, am schnellsten, langsam, langsamer, am langsamsten, weit, weiter, am weitesten, kurz, kürzer, am kürzesten, hoch, höher, am höchsten, niedrig, niedriger, am niedrigsten; Bilder von den Terzettkarten)

DURCHFÜHRUNG Damit die Kinder die in der Tabelle von KV 2 gesammelten Daten vergleichen können, übt die Lehrkraft mit den Kindern das Steigern der relevanten Adjektive. Dazu präsentiert sie den Kindern die Adjektivwortkarten bunt gemischt an der Tafel. Als stummen Impuls heftet sie nun nach und nach die Bildersets an die Tafel und die Kinder ordnen den Bildern die passenden Adjektivkarten zu. Die Lehrkraft stellt dabei das Vokabular sicher und achtet auf die Vorgabe sprachlicher Modelle. Sie aktiviert die SuS zum Gebrauch der Begriffe.

Beispiele für Fragen und Impulse:
„Welches Auto ist am schnellsten?"
„Ist die Schnecke langsam oder schnell?"
„Wer kann weitermachen? Dieser Stift ist kurz, dieser Stift ist …, und dieser Stift ist am …"

Anschließend werden jeweils die drei passenden Sätze zu den Bilder-/Kartensets an die Tafel geschrieben (siehe Terzettkarten), die mit selbst gezeichneten Bildern von den Kindern in ihre Wörtersammlung übernommen werden können.

Im Anschluss spielen die Kinder in Kleingruppen das Kartenspiel „Adjektiv-Terzett".
Es spielen jeweils drei Kinder miteinander. Die Spielkarten werden gemischt und einzeln an die Kinder verteilt. Ziel des Spiels ist es, ein komplettes Set von drei Karten zu sammeln und abzulegen. Das Kind, das links vom Kartengeber sitzt, beginnt und fragt einen beliebigen Mitspieler nach einer bestimmten Karte aus einem Set, aus dem es schon eine oder zwei Karten auf der Hand hat. Das befragte Kind muss die Karte abgeben, wenn es sie auf der Hand hat. In diesem Fall darf das Kind, das am Zug ist, weiterspielen und nach einer weiteren Karte fragen. Wenn das befragte Kind die Karte nicht auf der Hand hat, kommt es an die Reihe und darf seine Mitspieler befragen. Wenn ein Kind ein Kartenset vollständig hat, legt es das Set vor sich ab. Es gewinnt, wer zuerst keine Karten mehr auf der Hand hat.

Mögliche Spielfragen für Kinder auf Förderhorizont 3:
„Hast du das schnelle Auto?"
„Meine Frau kann weit springen. Kann deine Frau weiter springen?"
„Mein Stift ist am kürzesten. Hast du den kurzen Stift?"

Mögliche Spielfragen für Kinder auf Förderhorizont 4:
„Mein Ball springt hoch. Hast du einen Ball, der höher springt als meiner?"
„Kannst du mir den Tisch geben, der am niedrigsten ist?"

Kindern auf den **Förderhorizonten 1 und 2** bereitet die Produktion von Äußerungen mit deklinierten Adjektiven noch große Probleme. Sie spielen das Spiel deshalb in folgender Variation: Die ausgeschnittenen Karten liegen gemischt auf einem Stapel. Je nach Sprachstand der Kinder nimmt die Lehrkraft oder das erste Kind die oberste Karte auf und formuliert einen richtigen oder falschen Satz zur Karte.

Das Auto fährt schnell.

„Das Auto fährt schnell. Richtig oder falsch?"
„Richtig!
(Das Auto fährt schnell.)"

Das Auto fährt schnell.

„Das Auto fährt schnell. Richtig oder falsch?"
„Falsch!
(Das Auto fährt am schnellsten.)"

Das Kind, das die Frage zuerst richtig beantwortet, erhält die Spielkarte und der nächste Spieler ist am Zug. Zum Schluss gewinnt der Spieler, der die meisten Karten erspielt hat.

TIPPS FÜR DIE WEITERARBEIT
- Die Kinder suchen weitere Beispiele zu den Adjektivkarten. Sie malen zu den Adjektiven weitere Bildkarten und schreiben die passenden Sätze dazu. Das Adjektiv-Terzett kann mit den neuen Karten erweitert oder auch nur mit den neuen Karten gespielt werden.
- Die Kinder entwickeln ein Adjektiv-Terzett zu weiteren Adjektiven.
- Die SuS bilden mit den Vergleichsstufen ausgewählter Dimensionsadjektive Sätze:
  „Ich renne schneller als Peter …"
  „Ich werfe am weitesten …"

Die Spielvarianten werden dem Sprachstand der Kinder angepasst. Die Spielfrage für die Kinder auf Förderhorizont 3 ist den **Inversionsstrukturen** zuzuordnen. Die Kinder auf Förderhorizont 4 üben **Relativsätze**. Teilweise werden die Adjektive in den Spielsätzen attributiv (vor dem Nomen) gebraucht, was ihre Deklination erfordert. Es ist noch nicht zu erwarten, dass die Deklination der Adjektive den SuS in allen Fällen fehlerfrei gelingt. Für Kinder auf den Förderhorizonten 1 und 2 ist die Produktion solch komplexer Äußerungen noch zu anspruchsvoll. Sie üben mit den **Mustersätzen** auf den Spielkarten.

KV 2 Mit einer Tabelle umgehen: Trainingsergebnisse der Klasse 4c

MATERIAL/VORBEREITUNG KV 2 als Plakat vergrößern, als Folie ziehen oder auf die Tafel übertragen, KV 2 als Klassensatz kopieren

DURCHFÜHRUNG Die Kinder erhalten die Tabelle mit den Trainingsergebnissen der Klasse 4c. Zunächst klärt die Lehrkraft die Bedeutung des Begriffs „Ergebnis" im Kontext „Sport" (die sportlichen Leistungen werden gemessen, der gemessene Wert ist das Ergebnis). Anschließend gibt die Lehrkraft den Kindern verschiedene Aufträge zur Tabelle und stellt Fragen dazu.

Beispiele:
„In welcher Reihe findest du die Ergebnisse von Ada?"
„In welcher Spalte sieht man, wie weit die Kinder gesprungen sind?"
„Zeig mir das Feld, in dem Alexandras Laufergebnis steht."
„Wo stehen die Ergebnisse der Jungen?"
„Wie schnell ist Adam gelaufen?"
„Wie weit ist Ali gesprungen?"
„Wie hoch ist Elias gesprungen?"
„Welches Mädchen ist am schnellsten gelaufen?"
„Welcher Junge ist am weitesten gesprungen?"
„Welches Kind ist am höchsten gesprungen?"
„Wer ist höher als Junis gesprungen?"

Dabei achtet die Lehrkraft auf die korrekte Verwendung der Begriffe „Reihe", „Spalte", „Feld" und „Überschrift". Die Verwendung der Begriffe wird durch Gesten und Zeigen unterstützt.

TIPPS FÜR DIE WEITERARBEIT
- In Partnerarbeit stellen sich die Kinder gegenseitig Fragen zu den in der Tabelle gesammelten Daten.
- Wenn die Kinder mit der Tabelle und dem dazugehörigen Wortschatz vertraut sind, kann die Tabelle

auch für ein Quizspiel verwendet werden. Dazu teilt die Lehrkraft die Klasse in zwei Mannschaften ein. Die beiden Mannschaften stehen in zwei Reihen so nebeneinander, dass die Kinder die vergrößerte Tabelle sehen können. Die erste Quizfrage geht an die beiden ersten Spieler. Das Kind, das die Frage zuerst richtig beantworten konnte, bleibt stehen. Das Kind, das sich geschlagen geben musste, wechselt an das Ende der Reihe.

Mögliche Quizfragen:
„Wer ist höher gesprungen? Ada oder Vanessa?"
„Wie schnell ist Paul gelaufen?"
„Wer ist am weitesten gesprungen?"

> Die fachlichen Begriffe und die gesteigerten Adjektive werden in einem **authentischen Zusammenhang** geübt. Das Sprechen über die Tabelle, das Quizspiel und die Partnerarbeit fördern das Verstehen der verschiedenen Fragewörter und bieten den Kindern zahlreiche Modelle, Fragen zur Tabelle zu formulieren.

Durchschnittsberechnungen

DURCHFÜHRUNG Damit bei allen Kindern das Verständnis für den Begriff „Durchschnitt" gesichert ist, führt die Lehrkraft im Vorfeld der Textaufgabenbearbeitung gelegentliche Durchschnittsberechnungen im Kontext des Schulalltags durch. Dabei kann sie z.B. an die Erfahrungen der Kinder anknüpfen und mit ihnen gemeinsam den Durchschnitt, der für Klassenarbeiten angegeben werden muss, errechnen. Es bieten sich jedoch viele weitere Anlässe – auch für Gruppenarbeiten – an.

Beispiele:
„Wie groß/alt sind die Kinder der Klasse im Durchschnitt?"
„Wie viele Flaschen Wasser trinkt die Klasse durchschnittlich an einem Schulvormittag?"
„Wie viele Geschwister haben die Kinder in der Klasse im Durchschnitt?"

Die Lehrkraft begleitet die Durchschnittsberechnungen im Klassenverband sprachlich (handlungsbegleitendes Sprechen). Dabei achtet sie auf die Verwendung der Fachbegriffe, die sie durch sprachliche Expansion erklärt.

Beispiel:
Ich schreibe auf, wie alt Lea ist. Lea ist 9 Jahre alt.
Ich schreibe auf, wie alt Bruno ist. Bruno ist 10 Jahre alt.
…
Ich addiere euer Alter: $9 + 10 + … = x$

x geteilt durch die Anzahl der Kinder in unserer Klasse ist y.
Das ist der Durchschnitt. Der Durchschnitt ist der Mittelwert – der Wert in der Mitte. Manche Kinder sind älter als der Durchschnitt. Wer ist älter als der Durchschnitt? Manche Kinder sind jünger als der Durchschnitt. Wer ist jünger als der Durchschnitt?"

> Es ist eine grundlegende Aufgabe des mathematischen Fachunterrichts, das Verständnis der Fachbegriffe zu sichern. Sie sollten in authentischen Zusammenhängen verwendet und veranschaulicht sowie durch **sprachliche Expansion und Paraphrasierung** (Umschreibung eines Wortes mit anderen sprachlichen Mitteln) erklärt werden. Dabei sollten die Kinder viele Gelegenheiten erhalten, die Bedeutung von Begriffen, bei denen dies möglich ist, konkret zu erfahren.

ANGEBOTE FÜR FÖRDERHORIZONT 1–4

KV 3, KV 4, KV 5, KV 6 Sportwettkampf oder

MATERIAL/VORBEREITUNG KV 2, KV 3, KV 4, KV 5, KV 6 (jeweils in der Mitte geknickt), Satz- und Wortkarten (s.u.)

DURCHFÜHRUNG Die Kinder bearbeiten alleine oder zu zweit den oberen Teil der Textaufgabe, die ihrem Förderhorizont entspricht. Die Lehrkraft erinnert die Kinder an die in der Klasse besprochenen Lese- und Bearbeitungsstrategien (vgl. S. 71 und 82 in Baustein 5 und 6). Die SuS berechnen die Lösungen zu den Fragen, beantworten die Fragen und denken sich mit Hilfe der Fragemuster eigene Fragen zur Rechentabelle aus, deren Lösung sie ebenfalls berechnen und beantworten.
Als Vermittlungshilfe hält die Lehrkraft Satz- und Wortkarten bereit, die die Kinder anregen sollen und auf die sie bei Bedarf zugreifen können.

Beispiele für Förderhorizont 1 und 2:
Wie hoch _____?

Wie _____
die Klasse im Durchschnitt?

Ada läuft schneller als der Durchschnitt. Wie viele Sekunden ist Ada schneller?

_____ läuft langsamer als der Durchschnitt. Wie viele Sekunden ist _____ langsamer?

Mehmet springt weiter als Leo. Wie viele Zentimeter springt Mehmet weiter als Leo?

Beispiele für Förderhorizont 3 und 4:
Wie hoch?
Klassendurchschnitt?
Wie viel schneller?
Wie viel weiter?

> Die Kinder beschäftigen sich mit Textaufgaben, die ihrem Förderhorizont entsprechen. Das heißt, dass der Text den Kindern Anlässe bietet, die nächsten sprachlichen Erwerbsschritte zu vollziehen, sie jedoch nicht überfordert und die Bearbeitung der Aufgabe möglich ist.
> Der Text für die SuS auf **Förderhorizont 1** konzentriert sich auf die wesentlichen Aussagen in einfacher syntaktischer Form. Die zu bearbeitenden Fragen weisen viele Redundanzen auf, sodass die Kinder nach deren Muster eigene Fragen entwickeln können. Gleichzeitig bieten die Fragemuster Bausteine, die für die Formulierung der Antworten genutzt werden können.
> Der Text für die Kinder auf **Förderhorizont 2** bietet viele Muster für die Bildung der Verbklammer.
> Die Texte für die Kinder auf **Förderhorizont 3 und 4** sind deutlich elaborierter abgefasst: Den Kindern werden differenziertere und weitere Informationen gegeben, sodass sie aufgefordert sind, wesentliche von unwesentlichen Informationen zu unterscheiden. Die einzelnen Sätze sind textübergreifend durch Adverbien und Konjunktionen miteinander verknüpft. Zusätzliche zur Inversionsstellung spielen auch Nebensätze für die Kinder auf Förderhorizont 4 eine Rolle.

KV 3, KV 4, KV 5, KV 6 Sportwettkampf: Think – Pair – Share

MATERIAL/VORBEREITUNG KV 2, KV 3, KV 4, KV 5, KV 6 (jeweils in der Mitte geknickt)

DURCHFÜHRUNG In einer weiteren Unterrichtsstunde beschäftigen sich die Kinder mit dem unteren Teil der in der Mitte geknickten KVs 3 bis 6. Zunächst überlegen alle Kinder alleine, welche sechs Kinder die Sportlehrerin mit zum Sportwettkampf nehmen soll. Sie vergleichen die Trainingsergebnisse und notieren ihre Vorschläge auf der Rückseite ihres Arbeitsblatts. Zur Unterstützung ihrer Überlegungen nehmen sie die Tabelle von KV 2 zu Hilfe, auf der sie Markierungen vornehmen können. Rechnungen (z. B. Durchschnittswerte zusammengestellter Mannschaften etc.) notieren sie ebenfalls auf der Rückseite ihres Arbeitsblatts. Anschließend bilden immer zwei Kinder auf verschiedenen Förderhorizonten ein Paar. Die Kinder vergleichen ihre Überlegungen miteinander und einigen sich auf einen Mannschaftsvorschlag. Am Ende schließen sich zwei Paare zu einer Vierergruppe zusammen. Nachdem die beiden Paare ihre Vorschläge besprochen haben, einigen sie sich auf einen gemeinsamen Vorschlag. Die Gruppenmitglieder wählen ein Kind aus, das den Vorschlag der Gruppe vorträgt und begründet bzw. mit den passenden Rechnungen hinterlegt.

> Ein zeitgemäßer Mathematikunterricht fördert die Fähigkeit der SuS, über mathematische Sachverhalte zu kommunizieren, über verschiedene Lösungswege zu sprechen und Begründungen zu vertreten. Aus sprachlicher Sicht ist dies für viele Kinder im Zweitspracherwerb eine sehr hohe Anforderung. Die Methode Think – Pair – Share bietet allen Kindern die Chance, ihre Kompetenzen in diesem Anforderungsbereich auszubauen. Die vielfältige Vorarbeit und der sprachlich angepasste Ausgangsimpuls ermöglicht es allen Kindern, sich Gedanken zu machen, wie eine erfolgreiche Mannschaft zusammengestellt werden sollte, und darüber zu sprechen. Ihre Rechnungen und/oder Notizen unterstützen sie, wenn sie mit einem zweiten Kind über ihre Überlegungen sprechen. **Partner- oder Gruppenarbeitsphasen** fördern den Austausch und geben den sprachschwächeren Kindern Gelegenheiten, sich ohne Scheu zu äußern. Vor der Großgruppe können die sprachstärkeren Kinder die Aufgabe übernehmen, die Lösungen der Kleingruppe vorzutragen und zu begründen.

Adjektiv-Terzett

Das Auto fährt schnell.

Das Auto fährt schneller.

Das Auto fährt am schnellsten.

Die Schnecke kriecht langsam.

Die Schnecke kriecht langsamer.

Die Schnecke kriecht am langsamsten.

Die Frau ist weit gesprungen.

Die Frau ist weiter gesprungen.

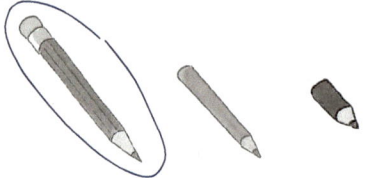
Die Frau ist am weitesten gesprungen.

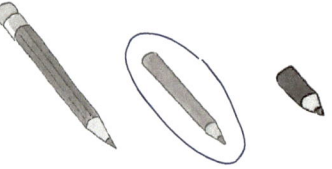
Der Stift ist kurz.

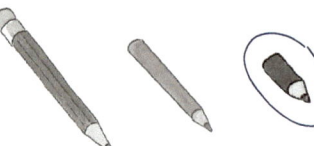
Der Stift ist kürzer.

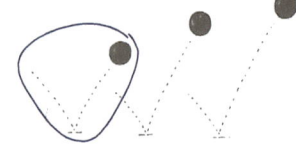
Der Stift ist am kürzesten.

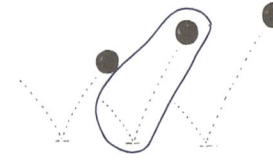
Der Ball springt hoch.

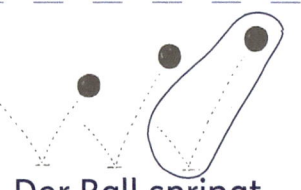
Der Ball springt höher.

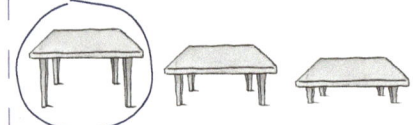
Der Ball springt am höchsten.

Der Tisch ist niedrig.

Der Tisch ist niedriger.

Der Tisch ist am niedrigsten.

Trainingsergebnisse der Klasse 4c

1. Spalte → 2. Spalte → 3. Spalte → 4. Spalte →

Jungen	50-m-Lauf	Weitsprung	Hochsprung	
Adam	10,4 s	2,45 m	0,76 m	← 1. Überschrift / 1. Reihe
Ali	9,9 s	2,60 m	0,87 m	← 2. Reihe
Elias	10,3 s	2,40 m	0,74 m	← 3. Reihe
Dilmir	9,6 s	2,53 m	0,56 m	← 4. Reihe
Junis	9,7 s	2,65 m	0,86 m	← 5. Reihe
Leo	9,6 s	2,35 m	0,77 m	← 6. Reihe
Mehmet	10,4 s	2,57 m	0,78 m	← 7. Reihe
Paul	10,3 s	2,56 m	0,79 m	← 8. Reihe
Theo	9,6 s	2,61 m	0,84 m	← 9. Reihe
Tom	10,2 s	2,58 m	0,83 m	← 10. Reihe
Mädchen	**50-m-Lauf**	**Weitsprung**	**Hochsprung**	← 2. Überschrift
Ada	9,8 s	2,44 m	0,79 m	← 11. Reihe
Alexandra	10,1 s	2,38 m	0,78 m	← 12. Reihe
Eva	10,6 s	2,13 m	0,65 m	← 13. Reihe
Helin	10,0 s	2,33 m	0,75 m	← 14. Reihe
Isa	10,3 s	2,17 m	0,69 m	← 15. Reihe
Kira	10,5 s	2,21 m	0,73 m	← 16. Reihe
Nelli	9,9 s	2,31 m	0,76 m	← 17. Reihe
Regina	10,2 s	2,35 m	0,74 m	← 18. Reihe
Stella	10,4 s	2,19 m	0,72 m	← 19. Reihe
Vanessa	10,2 s	2,29 m	0,69 m	← 20. Reihe

Sportwettkampf

Die Klasse 4c übt für den Sportwettkampf. Die Kinder üben laufen, weitspringen und hochspringen.

Die Sportlehrerin schreibt die Ergebnisse auf.
Sie denkt nach:

Wie schnell laufen die Jungen im Durchschnitt?
Wie schnell laufen die Mädchen im Durchschnitt?

Wie weit springen _____?

Wie _____?

1| **Wie rechnet die Sportlehrerin?**
Schreibe die Rechenaufgaben und die Antworten in dein Heft!

2| **Was überlegt die Sportlehrerin noch?**
Schreibe die Fragen, Aufgaben und Antworten in dein Heft!

Wie hoch springen die Jungen ...

— — — — — — — — — — — bitte hier knicken — — — — — — — — —

Ich nehme 6 Kinder mit zum Sportwettkampf.
Wir wollen gewinnen.

Sportwettkampf

Die Klasse 4c hat für den Sportwettkampf geübt. Die Kinder mussten zuerst laufen. Sie haben danach Weitsprung und Hochsprung geübt.

Die Sportlehrerin hat die Ergebnisse aufgeschrieben.

Sie denkt über die Ergebnisse nach:

Wie schnell sind die Jungen im Durchschnitt gelaufen?

Wie schnell sind die Mädchen _____ ?

Wie weit sind die Jungen im Durchschnitt gesprungen?

Wie _____ ?

1 | **Wie rechnet die Sportlehrerin? Schreibe die Rechenaufgaben und die Antworten in dein Heft!**

2 | **Was überlegt die Sportlehrerin noch?
Schreibe die Fragen, Aufgaben und Antworten in dein Heft!**

Wie hoch …

— — — — — — — — — bitte hier knicken — — — — — — — —

Ich darf sechs Kinder mit zum Sportwettkampf nehmen. Wir wollen gewinnen.

Sportwettkampf

In der letzten Sportstunde hat die Klasse 4c fleißig trainiert. Die Sportlehrerin wollte Kinder für den Sportwettkampf aussuchen. Zuerst mussten die Kinder für den 50-m-Lauf üben. Danach haben sie noch für den Weitsprung und Hochsprung trainiert.

Die Sportlehrerin hat eine Tabelle gezeichnet und dort die Ergebnisse eingetragen. Dann hat sie über die Ergebnisse nachgedacht:

Wie schnell sind die Jungen im Durchschnitt gelaufen?

Wie schnell sind die Mädchen _____?

Wie weit sind die Jungen im Durchschnitt gesprungen?

Wie _____?

1| **Wie hat die Sportlehrerin gerechnet? Schreibe die Rechenaufgaben und die Antworten in dein Heft!**

2| **Was überlegt die Sportlehrerin noch? Schreibe die Fragen, Aufgaben und Antworten in dein Heft!**

Wie hoch …

— — — — — — — — — bitte hier knicken — — — — — — — — —

Sechs Kinder darf ich mit zum Sportwettkampf nehmen. Wir wollen erfolgreich sein.

Sportwettkampf

Heute trainieren die Kinder fleißig für den Sportwettkampf, weil die Sportlehrerin entscheiden will, welche Kinder mit zum Sportwettkampf fahren dürfen. Zuerst müssen die Kinder für den 50-m-Lauf üben. Danach trainieren sie noch für den Weit- und Hochsprung.

Damit die Sportlehrerin die Ergebnisse vergleichen kann, hat sie eine Tabelle gezeichnet und dort die Ergebnisse eingetragen.

Dann hat sie sich die Ergebnisse genau angesehen:

Sie will wissen, wie schnell die Jungen im Durchschnitt gelaufen sind.

Sie fragt sich, wie schnell die Mädchen _____.

Sie will herausfinden, wie weit die Jungen im Durchschnitt gesprungen sind.

Sie rechnet aus, wie _____.

1| **Wie rechnet die Sportlehrerin? Schreibe die Rechenaufgaben und die Antworten in dein Heft!**

2| **Was überlegt die Sportlehrerin noch?**
Schreibe die Fragen, Aufgaben und Antworten in dein Heft!
Sie will wissen, ...

— — — — — — — — — — bitte hier knicken — — — — — — — — — —

Ich muss gut überlegen, welche Kinder ich mit zum Sportwettkampf nehme, damit wir erfolgreich sind.

GRÖSSEN UND MESSEN
Freizeitpark

In einem zeitgemäßen Mathematikunterricht werden die SuS mit zunehmend stärker geöffneten Aufgabenformaten konfrontiert. Neben den inhaltsbezogenen Kompetenzen kommt es auf prozessbezogene Kompetenzen wie Modellieren, Argumentieren, Darstellen, Beschreiben, Kommunizieren und Begründen an. Diese Kompetenzen entwickeln sich erst sukzessive im (Zweit)Spracherwerb. Dies bedeutet, dass Aufgabenstellungen und deren Bearbeitung sprachlich so aufzubereiten sind, dass auch Kinder im Zweitspracherwerb ihre inhaltsbezogenen mathematischen Fähigkeiten einbringen und weiterentwickeln können.

Der Einsatz eines *Advance Organizers* bereitet das Verstehen eines Textes, eines Sachverhalts oder einer Problemstellung vor und bietet während des Rezeptions- und Bearbeitungsprozesses Orientierungs-, Verstehens- und Lernhilfe. Mit Hilfe eines an den Sprach- und Lernstand der Lernenden angepassten *Advance Organizers* kann sprachschwächeren Kindern die gleiche Chance auf selbstorganisiertes Lernen gegeben werden wie Kindern, die im Spracherwerb schon weiter fortgeschritten sind. Die Vorgabe von Formulierungshilfen, Sprachmustern und Auswahlangeboten, wie bisher dargestellt, sind hilfreiche Formen der Sprachunterstützung, doch sie nehmen auch einen starken Einfluss auf die Denk- und Lösungsansätze der Kinder. Aus diesem Grund lohnt es sich, Aufgaben zu entwickeln, die auch sprachschwächeren Kindern selbstorganisierte Lernprozesse ermöglichen. Im folgenden Baustein wird beispielhaft der Einsatz eines *Advance Organizers* im Rahmen eines Fermi-Problems dargestellt.

Als Fermi-Aufgaben werden Fragestellungen bezeichnet, zu deren Beantwortung konkrete Daten fehlen. Bei dieser Art von Aufgaben gibt es plausible und weniger plausible Antworten. Das Lösen einer Fermi-Aufgabe ist auf unterschiedlichen Wegen möglich, basiert auf Grundannahmen, verlangt die Strukturierung der Problemstellung in Teilbereiche und erfordert Fähigkeiten und Fertigkeiten aus mehreren mathematischen Kompetenzbereichen wie Schätzen, Überschlagen, Messen oder Interpretieren.

Überblick über die Förderangebote

GESAMTE LERNGRUPPE

- Kontextualisierung der Textaufgabe
- Aktivierung des (Vor)Wissens
- Parallelinformationen (Bilder, Strukturen, Umschreibungen …) nutzen

- **KV 1** Advance Organizer: Attraktionen für den Freizeitpark
- **KV 2** Lösungshilfe: Attraktionen für den Freizeitpark und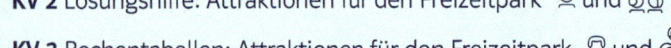
- **KV 3** Rechentabellen: Attraktionen für den Freizeitpark und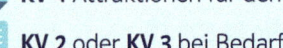

FÖRDERHORIZONT 1 UND 2

- mit Hilfe eines Advance Organizers einem einfachen Text Details entnehmen
- Lösungsschritte (mit Unterstützung) verbalisieren

- **KV 4** Attraktionen für den Freizeitpark oder 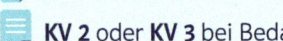 und
- **KV 2** oder **KV 3** bei Bedarf

FÖRDERHORIZONT 3 UND 4

- mit Hilfe eines Advance Organizers einem komplexen Text Details entnehmen
- Lösungsschritte verbalisieren und (mit Unterstützung) begründen

- **KV 5** Attraktionen für den Freizeitpark oder und
- **KV 2** oder **KV 3** bei Bedarf

Wortschatz

NOMEN der Freizeitpark, die Attraktion, die Eltern, der Vater, die Mutter, die Ferien, das Fahrgeschäft, die Idee, der Elefant, die Wippe, die Seite, der Platz, das Kind, die Tonne, die Ameise, die Kutsche, der Sitz, das Hundertfache, der Körper, das Gewicht, der Durchschnitt, das Milligramm, das Gramm, das Kilogramm, die Achterbahn, das Karussell, der Autoscooter, der Spielplatz, die Rutsche, die Schaukel, das Tier, der Delfin, der Vogel, der Affe, das Insekt, die Spinne, der Käfer, die Ameise, die (Rechen)-Tabelle …

VERBEN sagen, rufen, meinen, (sich etwas) fragen, antworten, etwas feststellen, erfinden, bauen, überlegen, wiegen, (etwas) ziehen, lachen, sich etwas vorstellen, wissen, erfinden, addieren, multiplizieren, dividieren …

ADJEKTIVE ähnlich, gleich, selbst, groß, stark, gut, schwer, leicht, klein …

SONSTIGE viele, dort, auch, überhaupt, ob, ungefähr, auch, hoch, runter, sehr, nur …

PHRASEN Es gibt dort …, jemandem gefällt etwas, ganz groß, auf der einen Seite, auf der anderen Seite, Geht das überhaupt?, Wie viel …?

INTERFERENZEN
die Zugkraft → Der Zug fährt auf der Schiene.

ANGEBOTE FÜR DIE GESAMTE LERNGRUPPE

KV 1 Advance Organizer: Attraktionen für den Freizeitpark

MATERIAL/VORBEREITUNG KV 1 als Plakat (vergrößerte Kopie an der Tafel oder Präsentation mit OHP oder Dokumentenkamera)

DURCHFÜHRUNG Die Lehrkraft führt in die Bearbeitung der Aufgabe durch die Präsentation eines *Advance Organizers* ein. Sie geht in einer kurzen Einführung in das Thema auf die einzelnen inhaltlichen Aspekte und das ungelöste Gedankenspiel von Eli und Nino ein. Dabei passt die Lehrkraft ihren Vortrag an das Sprachniveau der Kinder an. Das bedeutet, dass sie langsam und deutlich spricht, auf eine einfache Syntax und auf Redundanz achtet. Neue Begriffe erklärt sie auf verschiedenen Wegen, indem sie die Begriffe umschreibt, kontextualisiert und durch sprachliche Expansion erläutert. Die Lehrkraft zeigt auf die entsprechenden Bilder und Begriffe auf dem *Advance Organizer*. Durch den Einstieg mit dem *Advance Organizer* erhalten die SuS eine Übersicht über die Textinhalte, die das nachfolgende Lernen in einen Kontext bringt.

Beispiel:
Das ist Eli und das ist Nino. Das sind ihre Eltern. Das ist der Vater und das ist die Mutter.

Die Familie geht in den Freizeitpark. Im Freizeitpark kann man Karussell oder Autoscooter fahren. Es gibt noch mehr Fahrgeschäfte. Die Achterbahn ist auch ein Fahrgeschäft. Karussells, Autoscooter und Achterbahnen gibt es in vielen Freizeitparks.

Im Freizeitpark gibt es auch Spielplätze. Dort gibt es Rutschen, Schaukeln und Wippen. Auf der Wippe kann man hoch und runter wippen.

Im Freizeitpark gibt es auch Tiere. In manchen Freizeitparks gibt es Affen oder Elefanten. Elefanten sind sehr schwere Tiere. Sie wiegen ungefähr fünfeinhalb Tonnen. Manche Elefanten sind leichter. Sie wiegen nur fünf Tonnen. Manche Elefanten sind schwerer. Sie wiegen ungefähr sechs Tonnen. Aber im Durchschnitt wiegen Elefanten fünfeinhalb Tonnen.

Manchmal gibt es auch ein Insektenhaus mit Käfern, Spinnen oder Ameisen. Ameisen sind sehr kleine Tiere. Sie wiegen im Durchschnitt acht Milligramm. Ameisen sind sehr starke Tiere. Sie können das Hundertfache ihres Gewichts ziehen. Stell euch vor, das Hundertfache von acht Milligramm. Das sind hundertmal acht Milligramm. Das ist die Zugkraft.

Eli und Nino wünschen sich neue Attraktionen für Freizeitparks. Sie machen Spaß. Sie wollen eine Elefantenwippe bauen. Das ist eine große Wippe. Auf der einen Seite sitzt der Elefant. Auf der anderen Seite sitzen die Kinder. Eli und Nino überlegen, ob das geht.

Nino will eine Ameisenkutsche bauen. Viele Ameisen ziehen eine Kutsche, in der zwei Kinder sitzen. Funktioniert das?

> Bei einem *Advance Organizer* handelt es sich um eine vorbereitende Lernhilfe zur Aktivierung des Vorwissens der SuS. Ein *Advance Organizer*, der z. B. als Mind-Map oder Plakat gestaltet sein kann, steht immer am Anfang eines neuen Themas und gibt einen groben Überblick über die folgenden Lerninhalte. Mit dieser wirkungsvollen Methode erhalten die Kinder also gleich zu Beginn eine Übersicht, die das Verstehen des Textes und die Verknüpfung der neuen Inhalte mit dem Vorwissen erleichtert. Ein *Advance Organizer* ordnet die Inhalte in eine Struktur ein und visualisiert die Text- und Lerninhalte. Durch diese Orientierungshilfe können die SuS ihre Aufmerksamkeit zielgerichtet fokussieren. Die durch den *Advance Organizer* vorgenommene **Kontextualisierung** führt insgesamt zu einer effizienteren Verarbeitung des Textes.

ANGEBOTE FÜR FÖRDERHORIZONT 1–4

KV 4, KV 5 Attraktionen für den Freizeitpark ♀ oder ♀♀, ♀♀♀

MATERIAL/VORBEREITUNG KV 4, KV 5, bei Bedarf KV 1 und KV 2 oder KV 3 (auf Folie kopiert), ggf. Wortkarten (zuerst, dann, 1., 2., 3., 4., 5., multiplizieren, dividieren, addieren, wenn …, dann …, Durchschnitt, wiegen, ziehen …)

DURCHFÜHRUNG Im Anschluss an die Präsentation des *Advance Organizers* erhalten die SuS die Version der Textaufgabe, die ihrem Förderhorizont entspricht. Vor der Bearbeitung erinnert die Lehrkraft an die eingeführten Lesestrategien. Diese Strategien wurden vielleicht schon auf einer Seitentafel oder auf einem Plakat festgehalten (vgl. S. 74, 82 in Baustein 5 und 6).

Die Kinder lesen zunächst die Textaufgabe und entwickeln zu zweit oder in kleinen Gruppen Strategien zur Lösung der Problemstellungen:
Wie viele Sitzplätze für Kinder sind nötig, damit die Elefantenwippe funktionieren kann?
Wie viele Ameisen müssen die Ameisenkutsche ziehen?

In beiden Fällen handelt es sich um ein Fermi-Problem. Das heißt, dass zur Lösung des Problems keine genauen Daten vorliegen. Für Fermi-Probleme können keine eindeutigen Lösungen gefunden werden. Die Lösung kann jedoch mehr oder weniger gut abgeschätzt werden. Wenn die SuS nicht von selbst auf mögliche Lösungsstrategien kommen, kann die Lehrkraft die folgenden Hilfestellungen bieten.

Lösungsstrategien: Elefantenwippe

- das Durchschnittsgewicht von Kindern (10 Jahre) ermitteln
  z. B. durch Internetrecherche, ausgelegte Diagramme, Durchschnittswert der Klasse durch Wiegen und Division ermitteln oder Nutzen von KV 2
  Lösung: ca. 32 kg
- das Gewicht eines Elefanten in kg umrechnen
  evtl. Nutzen von KV 2
  Lösung: ca. 5500 kg
- das Gewicht des Elefanten durch das Durchschnittsgewicht der Kinder teilen
  genaue Rechnung: 5500 kg ÷ 32 kg = 171,875 oder
  runden und Überschlagsrechnungen
  oder
  eine Rechentabelle anlegen (multiplizieren)

Kinder	Durchschnittsgewicht
1	32 kg
10	320 kg
100	3200 kg
200	6400 kg
50	1600 kg
150	4800 kg

Lösungsstrategien: Ameisenkutsche

- das Durchschnittsgewicht von Kindern (10 Jahre) ermitteln
  z. B. durch Internetrecherche, ausgelegte Diagramme, Durchschnittswert der Klasse durch Wiegen und Division ermitteln oder Nutzen von KV 2
  Lösung: ca. 32 kg
- eine Rechentabelle anlegen (multiplizieren)

Ameisen	Zugkraft in mg	g	kg
1	800 mg	0,8 g	
10	8 000 mg	8 g	
100	80 000 mg	80 g	
1000	800 000 mg	800 g	
10 000	8 000 000 mg	8 000 g	8 kg
40 000	32 000 000 mg	32 000 g	32 kg

das Gewicht der Kutsche abschätzen und einberechnen

Entsprechend der Lösungskompetenzen der SuS kann die Lehrkraft schrittweise vorbereitete Vermittlungshilfen einsetzen (KV 2, KV 3). Wenn die Kinder Hilfe benötigen, legt sie KV 2 oder KV 3 (Hilfen zur Berechnung des Durchschnittgewichts von Kindern (10 Jahre), Umrechnungsformeln, Rechentabellen) auf den *Advance Organizer* (KV 1).

Im Anschluss an die Erarbeitungsphase stellen die einzelnen Teams und Kleingruppen ihre Lösungen vor. Dabei unterstützt die Lehrkraft die Kinder – gegebenenfalls mit Hilfe der Wortkarten – sprachlich.

> 💬 Ein zeitgemäßer Mathematikunterricht fördert die Fähigkeit der SuS, über mathematische Sachverhalte zu kommunizieren, über verschiedene Lösungswege zu sprechen und Begründungen zu vertreten. Aus sprachlicher Sicht ist dies für viele Kinder im Zweitspracherwerb eine sehr hohe Anforderung. Der *Advance Organizer*, die KVs mit den Vermittlungshilfen und gegebenenfalls die Wortkarten unterstützen die Kinder bei der Versprachlichung ihrer Überlegungen. **Partner- oder Gruppenarbeitsphasen** fördern den Austausch und geben den sprachschwächeren Kindern Gelegenheiten, sich ohne Scheu zu äußern. Vor der Großgruppe können die sprachstärkeren Kinder die Aufgabe übernehmen, die Lösungen der Kleingruppe vorzutragen und zu begründen.

Attraktionen für den Freizeitpark

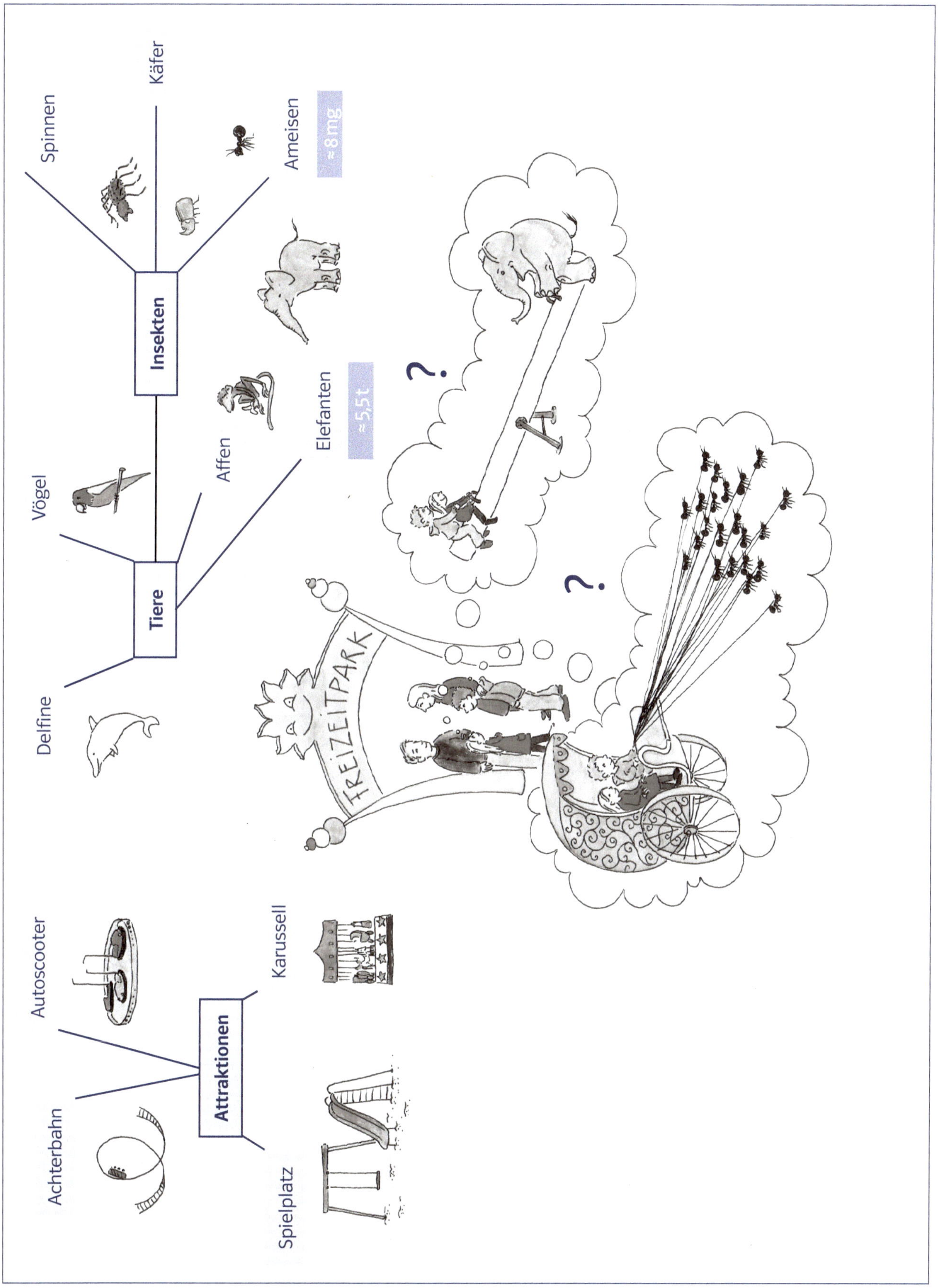

Sprachförderung PLUS Mathematik – Text- und Sachaufgaben
Förderbausteine für den Soforteinsatz im Mathematikunterricht
ISBN 978-3-12-666805-7

Attraktionen für den Freizeitpark: Lösungshilfen

1000 kg = 1 t
1 t = 1000 kg

1 g = 1000 mg
1 kg = 1000 g
1000 mg = 1 g
1000 g = 1 kg

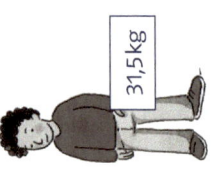
34,1 kg
31,5 kg
33,4 kg
27,9 kg

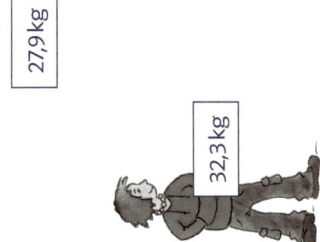
32,8 kg
32,3 kg

Attraktionen für den Freizeitpark: Tabellen

Ameisen	Zugkraft in mg	Zugkraft in g	Zugkraft in kg
1			
10			
100			
...			

Kinder	Durchschnittsgewicht
1	
10	
100	
...	

Attraktionen für den Freizeitpark

Eli und Nino sind im Freizeitpark.
Eli sagt: „Ich habe auch gute Ideen für einen Freizeitpark."

Nino sagt: „Ich auch. Wir bauen eine Elefantenwippe.
Das ist eine große Wippe.
Ein Elefant sitzt auf der einen Seite.
Die Kinder sitzen auf der anderen Seite."

Eli sagt: „Geht das? Ein Elefant wiegt ungefähr fünfeinhalb Tonnen."

Nino sagt: „Ich habe noch eine andere Idee.
Wir bauen eine Ameisenkutsche. Ameisen sind sehr stark.
Ameisen ziehen das Hundertfache ihres Körpergewichts."

Eli fragt: „Wie viel wiegt eine Ameise?"

Nino sagt: „Eine Ameise wiegt im Durchschnitt ungefähr 8 Milligramm."

— — — — — — — — — Förderhorizont 2 — — — — — — — — —

Attraktionen für den Freizeitpark

Eli und Nino sind im Freizeitpark gewesen.
Eli sagt: „Ich habe auch gute Ideen für einen Freizeitpark."

Nino ruft: „Au ja, wir erfinden Attraktionen für einen Freizeitpark. Ich habe eine Idee: Wir bauen eine Elefantenwippe. Das ist eine große Wippe. Ein Elefant sitzt auf der einen Seite. Die Kinder sitzen auf der anderen Seite."

Eli antwortet: „Geht das? Ein Elefant wiegt ungefähr fünfeinhalb Tonnen."

Nino sagt: „Wir können auch eine Ameisenkutsche erfinden. Ameisen sind sehr stark. Sie können das Hundertfache ihres Körpergewichts ziehen."

Eli sagt: „Wie viel wiegt eine Ameise?"

Nino antwortet: „Eine Ameise wiegt im Durchschnitt ungefähr
8 Milligramm."

Attraktionen für den Freizeitpark

Eli und Nino waren mit ihren Eltern im Freizeitpark. Dort hat es ihnen gut gefallen. Trotzdem meint Eli: „Viele Freizeitsparks sind sich sehr ähnlich. Vielleicht können wir andere Attraktionen erfinden."

„Au ja", ruft Nino, „wir erfinden selbst Attraktionen für einen Freizeitpark. Ich habe auch schon eine Idee: Wir bauen eine Elefantenwippe. Das ist eine ganz große Wippe. Auf der einen Seite sitzt ein Elefant und auf der anderen Seite sind die Plätze für die Kinder."

„Hmm, mal überlegen", antwortet Eli. „Geht das überhaupt? Ein Elefant wiegt ungefähr fünfeinhalb Tonnen."

„Wie wäre es mit einer Ameisenkutsche? Ameisen sind sehr stark. Sie können das Hundertfache ihres Körpergewichts ziehen", meint Nino.

Eli lacht. „Wenn ich mir das vorstelle … Weißt du überhaupt, wie viel eine Ameise wiegt?"

„Klar", antwortet Nino. „Im Durchschnitt wiegt eine Ameise ungefähr acht Milligramm."

--- Förderhorizont 4 ---

Attraktionen für den Freizeitpark

Eli und Nino waren in den Ferien mit ihren Eltern im Freizeitpark. Dort hat es ihnen gut gefallen. Aber Eli stellt fest, dass sich viele Freizeitparks sehr ähnlich sind. „Es gibt dort immer die gleichen Attraktionen und Fahrgeschäfte. Ich hätte da noch ganz andere Ideen."

„Au ja", ruft Nino, „wir erfinden selbst Attraktionen für einen Freizeitpark. Ich habe auch schon eine Idee: Wir bauen eine Elefantenwippe. Das ist eine ganz große Wippe, die auf der einen Seite einen Platz für einen Elefanten hat und auf der anderen Seite Plätze für die Kinder."

„Hmm, mal überlegen", antwortet Eli. „Ich frage mich, ob das überhaupt geht. Ein Elefant wiegt ungefähr fünfeinhalb Tonnen."

„Wir könnten auch eine Ameisenkutsche erfinden! Ameisen sind so stark, dass sie das Hundertfache ihres Körpergewichts ziehen können", meint Nino.

Eli lacht. „Wenn ich mir das vorstelle … Weißt du überhaupt, wie viel eine Ameise wiegt?"

„Klar", antwortet Nino. „Im Durchschnitt wiegt eine Ameise ungefähr acht Milligramm."

Themenindex: Sprachförderung

Diese Übersicht ermöglicht Ihnen eine zusätzliche Zugriffsmöglichkeit auf den Inhalt dieses Bandes. Der Themenindex erlaubt Ihnen, gezielt Anregungen und Fördermaterialien zu sprachförderlichen Schwerpunktthemen zu finden.
Wenn mit der Seitenzahl ergänzend der Klassenstufenhinweis genannt wird, handelt es sich um einen Verweis auf komplette Fördersequenzen. Einzelne Seitenzahlen verweisen auf generelle sprachförderliche Informationen.

Alltagssprache	8 | 49 M 1/2
Arbeitsanweisungen verstehen	30 | 38 M 1/2
(Aufgaben)Texte erschließen	9 | 15 | 51 | 74 | 80 M 3/4 | 95
authentische Sprechanlässe	49 M 1/2 | 81 | 94
Bedeutungsinterferenzen klären	11 | 38
Begründungen formulieren	74 | 95 | 104
Bildungssprache	8 | 9 ff | 32 | 34 | 38
Fachsprache/Symbolsprache	8 | 22 ff | 28 f | 34 | 94
handlungsbegleitendes Sprechen	14 | 30 | 38 M 1/2
Einbezug der Herkunftssprachen	40 | 81
Lernen im Kontext	22 | 52 | 61 f | 73 f | 82 ff | 103 ff
Modelle vorgeben	14 | 22 | 31 f | 52 | 62 | 73 | 93 | 95
satzübergreifende Äußerungen/Verkettung	24 f | 33 | 43 f | 85 | 95
Schlüsselwörter/Hinweiswörter identifizieren	16 | 51 | 59 ff
Schlussfolgerungen formulieren	34 | 63 | 104
sprachliche Expansion	15 | 94

Vergleiche formulieren	71 M 3/4 | 90 M 3/4
Vorwissen aktivieren	13 | 81 | 103
Wiederholungen	14 | 22 | 32 | 42 | 52 | 63
Wortschatz erweitern	15 | 22 f | 28 ff | 49 ff | 92 f
Wortspeicher	15 | 40 | 81

Neuerscheinungen für Diagnostik und Sprachförderung

136 Seiten + DVD
978-3-12-666801-9   19,99 €

Diagnostik

Diagnostik & Förderung – leicht gemacht präsentiert mit der Profilanalyse ein einfaches und erprobtes Diagnostik-Verfahren für mehrsprachige Grundschulklassen und gibt Ihnen die Sicherheit, den individuellen Lernstand Ihrer Schüler im Unterrichtsalltag zu erfassen.

Mit Hilfe der „Förderhorizonte" können Sie aus den Ergebnissen direkt passende Fördermaßnahmen ableiten, die den individuellen Anforderungen der Lernenden gerecht werden.

„Förderbausteine" zeigen zusätzlich, wie curriculare Grundschulthemen sprachlich differenziert umgesetzt werden können. Diese einsatzfertigen Materialien bieten Ihnen methodische Anregungen und verringern Ihren Vorbereitungsaufwand. So gewinnen Sie Freiräume, die Sie für einen effizienteren Unterricht für sich und Ihre Schüler nutzen können.

- **Diagnostik** – leicht verständlich erklärt, praxisnah und sofort umsetzbar
- **Fördermaßnahmen** – zugeschnitten auf die verschiedenen Sprachniveaus
- **Fördermaterialien** – einsatzfertig für den Unterricht in Deutsch, Mathematik, Sachunterricht

Extra:

- Übungsmaterial: Selbst ausprobieren und Sicherheit gewinnen
- DVD mit Filmworkshop: zum Miterleben und Mitarbeiten

Sprachförderung

Materialien zur differenzierten Sprachförderung im Deutsch-, Mathematik- und Sachunterricht der Klassen 1 bis 4

Sprachförderung PLUS bietet Ihnen ein Lösungsangebot, um den Anforderungen mehrsprachiger Grundschulklassen auch im Regelunterricht gerecht zu werden. Sie finden zu wichtigen inhaltlichen Themenfeldern des Unterrichts sprachlich differenzierte Angebote für die Arbeit mit der gesamten Klasse.

In einer kompakten Einführung erfahren Sie, wie sich die Sprachkenntnisse Ihrer Schüler praxisnah erfassen lassen und mit welchen Maßnahmen Sie die Kinder – passend zu den sogenannten **Förderhorizonten** – sinnvoll in ihrem Spracherwerb unterstützen können.

Die Reihe Sprachförderung PLUS ist in fachlich getrennte **Förderbausteine** aufgeteilt, die Ihnen vielfältige methodisch-didaktische Ideen und Unterrichtsvorschläge, vor allem aber passend ausgearbeitete Arbeitsmaterialien für Ihre Schüler liefern. Diese einsatzfertigen Differenzierungsmaterialien verringern Ihren Vorbereitungsaufwand erheblich. So gewinnen Sie Freiräume, die Sie für einen effizienteren Unterricht für sich und Ihre Schüler nutzen können.

- Lehrwerksunabhängige Module zum Einsatz im Unterricht
- Individuell fördern mit erprobten Differenzierungsangeboten
- Praxistaugliche ‚Rezepte' – leicht verständlich erklärt und direkt im Regelunterricht umsetzbar

272 Seiten
978-3-12-666802-6   24,99 €

134 Seiten
978-3-12-666804-0   19,99 €

144 Seiten
978-3-12-666803-3   19,99 €

112 Seiten
978-3-12-666805-7   19,99 €

Weitere Informationen sowie einen interaktiven Blick ins Buch finden Sie unter **www.klett.de**